文思丛书

突破与变异

——16-17世纪儒学思想变迁探微

曲 辉 著

Breakthroughs and Variations：
The Changes of China's Confucianism
in 16th and 17th Century

中国传媒大学出版社
·北京·

目录
CONTENTS

导　论

一、明末清初的若干问题

　　所谓的明末清初主要是指从明代正德、嘉靖至清康熙十二年平定三藩之乱这一段时期。这一时期在中国儒学史上至关重要,第一,王阳明的心学是在正德、嘉靖时期创立和传播的。王学的兴起是中国儒学史上一大事因缘。王阳明学说创立的时期,是程朱理学被作为统治阶级的思想意识,并作为科举考试的规范读本的时期。王阳明自身也是通过科举进入仕途,并且是科举中的佼佼者。同时我们从王阳明的年谱中不难发现,年轻时的王阳明对程朱理学可谓笃信不疑并积极付诸实践。年轻时长期浸淫于程朱理学,不可能不对王阳明产生影响,即使是在其学说创立之后,这种影响也是显而易见的。因此,从王阳明自身看来,他对程朱理学中儒学传统的坚持,并没有抛弃或者背叛,毋宁说,王阳明只是换了一个角度加强了这种坚持。而阳明后学对于这种坚持却并不抱同情的态度,这恐怕与当事人的生活和学术经历有关,同时也与王阳明过早逝世,对自己的学说没有更充分地解说有关。从哲学的角度说,王畿对于王阳明的理解是最为透彻的,他的"四无说"比钱德洪的"四有说"更能反映王学的本质。然后从思想史的角度来看,正是这种透彻在某种程度上导致了王学的流弊。在明代晚期,影响最大的王学流派自然是"泰州学派",这一学派组成成分十分复杂,三教九流无所不有。这种成分的复杂性,导致对王学的解说更为新颖而纷繁,人人争立宗旨。所谓"牛毛茧丝无所不辨"。到了王学最后的重镇刘宗周,所有的二元对立几乎都打并归一,对内心的探求已经达到了至为隐微的"意根",这一方面说明,心学的发展前景已不容乐观。同时又由于王学空谈心性的弊端日益严重,对于王学的不满便不足为奇了。经过了明清鼎革,当清初思想界反思明亡的原因时,王学首当其冲成为众矢之的。相对于王学末流的空疏无用,清初学者强调经世致用。他们或者由于不仕新朝,或者因为本无功名,因此这一时期的学者多是在民间提倡经世之学。但在中国的中世纪如果得不到朝廷的认可,经世之学便很难发挥大规模的作用。特别是当康熙平定了三藩之乱,将目光投向意识形态的控制时,这种经世之学更无用武之地了。

第二,康熙帝作为中国中世纪最有作为的统治者之一,重要的特点之一就是对儒学的推崇。这种推崇不出历代帝王的窠臼,依然是采取利用的态度。但是,康熙帝对儒学的了解和运用却比其他皇帝更为纯熟和彻底。他是中国历史上第一个对孔子行三跪九叩大礼的皇帝,这就争取了一部分汉族学者的支持。康熙帝对于程朱理学也是推崇有加。从他提拔的大臣如李光地、汤斌等就可看出。但是,康熙帝对这些理学名臣的虚伪也有深刻的理解。他曾在康熙三十三年,召集翰林官员,出了一道题目"理学真伪论",自己做考官,让他们做现场作文,然后大发威风,当场羞辱这帮平时以才学满腹自居的文士们,其中,言辞所及,还包括了康熙帝的老师熊赐履,以及已经去世的一些名儒,甚至骂这帮人是"假道学"。在提倡道学的同时,又以皇帝的威严痛斥当世最著名的道学家们,其结果和目的自然是告诉人们:真正懂道学的是皇帝,真理只能在皇帝手中!当李光地将学统和道统通通拱手交给康熙时,不能不说李光地了解康熙的心思。在这种情况下,程朱理学只能成为统治者利用的工具,很难再有学理上的创新。程朱理学在学理上更利于思想意识的统治,同时鉴于明末王学对思想统一的破坏,程朱理学自然成为帝王利用的工具。

明中期王学的兴起,是在与程朱理学的对抗中完成的。程朱理学在明中期完成了其世俗化的过程,虽然程朱理学更为普及,但是这降低了程朱理学的质量,同时也降低了它在政权之外与政权进行抗争的功用。于是王学将理夺回来还给个人。时至清中期,这种情况似乎又进行了重演。国家对程朱理学权威的确立使得程朱理学获得了推广,但是它质量的下降又一次遭到了有识之士的批评。纪晓岚《阅微草堂笔记》中反映了"假道学"在当时的数量之多和素质之差。于是,在当时兴起的考据学没有集中批评明末的王学,而是直接抨击程朱理学。其实,从时间上来看,王学更接近于考据学,明亡的原因更适合用王学末流的弊病来解释;而且对程朱理学的批评似乎更容易触动统治者那本已很敏感的神经。因此,明末清初这一段是一个轮回的时期,在这期间,有王学的兴起、发展和泛滥;有清初思想界对整个宋明理学的反思和经世之学的兴起,同时又有王朝统治者对程朱理学的利用。这些在儒学史上都具有重要地位。

第三,夸张一点地说,一部《明史》就是一部士大夫的血泪史。从洪武朝到崇祯朝,明代士大夫一直处在强权政治的压力之下,这种压力有来自皇帝的,也有来自权臣和宦官的。也许正是这种极端残酷的政治环境,造就了明代士大夫的气节。不论是朝堂之上的慷慨谏诤还是亡国后的从容就义,数量之多、情节之惨,堪称历朝历代之最。然而,明代士大夫对这种情况不但不以为怵,反而甘之如饴。民间学者也是如此。反观清代,我们不能不说,士大夫的气节已消亡殆尽。明代政治尽管残酷,还是出了张居正这样的权臣和海瑞这样的清官,可是随后的清代却一个也没出过。

同时,清代的一般学者甚至在人品上也无法和明代士大夫相比。众所周知的戴震《水经注》版本官司、段玉裁做县令的贪污事件、王昶借收徒敛财的事实等,都给他们的高大形象留下了污点。至于清代理学家,桐城派可谓其中重镇,而朱维铮先生认为唯一可称"孝友严整躬行"者,方苞一人而已①。由此可见当时理学家之一斑。也由此可见,气节人品之不如明代士大夫,是清代一个普遍现象。

在中世纪,对士大夫影响最为巨大的,莫过于政治和学术风气,如上所述,明代政治最为严酷。只是这种严酷多以对部分士大夫肉体的摧残表现出来,这种摧残激起的是士大夫更大规模的抗争,士大夫以遭受肉刑为荣,天下人以遭受肉刑者为荣。赵园先生将这种情况视为一种变态心理②,诚然,但正是这种变态心理使得明代士大夫在面对统治者时更能发出自己的声音,虽然他们中的一些人遭遇奇惨,但是他们不辱儒学对政治批评的使命,其立身行事流传千古。参与编修《明史》的清代官僚便以"直声震天下"等评语表达了对这些士大夫的崇敬。清代统治者对士大夫控制的手段与明代相比,显得更为深沉而有效。如上文所述,康熙帝表面上对孔子的推崇居历代帝王之首,同时对理学也造诣颇深,但这不能仅仅认为他要从中吸取治国之道。康熙帝给所有臣民的印象就是,他已经掌握了儒家之理。正如上文中已经指出的,程朱理学有利于统治阶级,表现在这里就是,当统治者宣称其已掌握了"理"并通过政令法度等方式加以确认时,这种"理"的真实性还有多少呢?其结果必然是程朱一直坚持的通过"理"的掌握而实现道统对治统制约的程度便大打折扣,甚至荡然无存。乾隆对程朱理学的了解远不如乃祖,但是他采取的措施更令人觉得惊奇,他一方面提倡崇儒重道的国策,打击敢于与程朱立异的官员,如严词指斥谢济世和李绂;另一方面,他又提倡经学,特别是考据学③,甚至容忍戴震等人对程朱理学的批评。这种做法很难不令人联想到"以汉制汉"。也由

① 钱锺书主编,朱维铮执行主编:《汉学师承记》,《中国近代学术名著》,三联书店1998年版,第22页。
② 赵园:《明清之际士大夫研究》,北京大学出版社1999年版,第4—14页。
③ 朱昌荣:《试论雍正、乾隆二帝的理学思想》,《清史论丛》2009年号。

此可见,康乾二帝都只是将理学作为统治工具而已。在这种情势之下,不论是理学家还是考据学家,怎么敢于真正地对程朱理学进行深入研究,进而提出有制于朝廷规定的学说呢?

从学理的角度看,宋明理学是将对性命之理的追求与治国平天下的理想结合起来实施的。程朱理学的"天理"虽然是独立存在的,但是当天理作用于人间社会时,这个天理就转化为人间社会运行的规律和秩序、转化成各种伦理原则和道德标准。朱子强调公共天理与个人身心豁然贯通的境界,当达到这种境界的时候,天理与人心是合一的。虽然认理为外,使得这种合一费一转手,但是这并不是不可以实现的。当天理与人心合一时,个人的所作所为即符合天理的准则,也就达到了儒家学者追求的圣贤境地。

然而程朱理学追求的绝不仅仅是个人的成圣成贤。余英时先生的《朱熹的历史世界》中特别强调了宋学包括程朱理学对治国平天下的执着。程颐一句"天下兴亡寄宰相,君德成就责经筵"将这种诉求表达得过于露骨,以至于遭到了后来的乾隆帝的激烈批评。[①] 这种情况反映了士的地位在宋、清两代的不同。同样地,明代士的地位也无法和宋代相提并论,洪武、永乐两朝对士的残酷,已经成为具有典型意义的例子。但是,治国平天下的理想从来没有在明代士大夫的心中消除。这一方面,王阳明也是一个具有典型意义的例子。少年王阳明和那时候的大多数士子一样,推崇的是程朱理学。十二岁时的王阳明就确立了"学圣人为第一等事"的志向。以后游历边关,学兵法。又因为研习程朱理学的格物致知而成病,从此之后他就几乎没有和功令化的程朱理学合拍过。弹劾刘瑾而致罪遭贬、困居龙场,对王阳明的影响是全面而深刻的,这使得他对政治局势和学术取向进行了深入的反

---

① 余英时:《朱熹的历史世界、宋代士夫政治文化的研究》,三联书店 2004 年版,第210—230 页。乾隆帝的批评参见四库全书本《御制文》二集卷十九《书程颐论经筵札子后》,第 863 页。

思,在这之后他提出了自己的学说。

王阳明创立心学的第一步就是把天理还于人心。众所周知,程朱理学在两宋并没有被统治者定为一尊,它只是作为宋代众多学术流派的一种而存在,在北宋有司马光"涑水学"、苏轼"蜀学"、王安石"荆公新学"等,在南宋又有陆九渊"心学"、陈亮与叶适"浙东功利之学"。这种情况虽然使理学在当时没有像后来那样拥有广大的受众,但这时的理学却有独立的思考并在与其他学派的论争中获取营养,不断创新。明代程朱理学被定为国家取士的标准,一言一字不得更改,导致了明代前期的学术界"此亦一述朱,彼亦一述朱"的情况。程朱理学失去了创新的条件和制约治统的条件。同时,士子只是将程朱理学作为进阶仕途的敲门砖,没有深入研究。王阳明格竹子的故事一方面反映了阳明对程朱的笃信,同时也反映出他并没有领会程朱理学的真谛,程朱理学的"格物致知"何尝教人格竹子了呢?连王阳明这样切身体验程朱理学的人尚且如此,等而下者更无论矣。于是功令化的程朱理学无法也不能满足当时士子的需要情况,也就不难想象了。

同时,如上所述的政治环境无法使阳明实现"得君行道"的理想①,王阳明在刘瑾事件之后,深刻地认识到了这一点。因此,他的学说在一开始就不是为统治阶级服务的。他远接孟子、近袭陆象山,将理赋予人心,认为"心即理也",又认为人世间的一切道德行为"都只在此心,心即理也。此心无私欲之弊,即是天理,不须外面添一分"②。这种说法一方面将"天理"从官方的控制中解放出来,另一方面使得人人皆可以获得天理,将超越外在不可企及的理归还于内在的人人具有的心。当然,这种理并不是天然本具、自然发露的,阳明承认私欲、习气等对人心的遮蔽,同时也提供了消除这种遮蔽的方法,那就是"致良

---

① 《明世宗实录》卷九十八,《明实录》,北京书局 1983 年版,第 8035 页。
② 陈荣捷:《王阳明传习录详注集评》(修订版),《传习录》卷上,台北学生书局 1992 年版,第 30 页。

知";而良知则是人人本有的。这种简易直截的方法很快获得了众多的支持者,并且涵盖了从士大夫到平民的广大范围。余英时先生指出,王阳明的学说走的是"觉民行道"的路子①,从学理上看王阳明的学说也更易于为一般大众所接受。

与程朱理学相似,阳明心学也是强调心与理的合一。用理学的语言说,就是通过对世俗欲望和感情的克制,使人心渐渐达到"天理"的高度。一旦达到这种目标,甚至在真诚地追求这种目标的过程中,个人的道德修养无疑都将获得很大的提高。这从《明儒学案》中樵夫、陶匠等普通人皆可成为学者的记载中可以看出。反观清中前期,程朱理学依然被高悬为功令而毋庸置疑,王学更是少人问津。考据学只是作为少数精英学者的专利,普通人难以融入。并且考据学一向被认为缺乏思想性,虽然近几年已经有学者指出了隐藏在烦琐的训诂考据中的义理,但是这种义理不论是对治统的约束还是对个人道德的修养,其效果都不如宋明理学,这是毋庸置疑的。以近几年影响较大的张寿安先生的"以礼代理"说为例,张先生认为,"以礼代理"重视对礼学的研治,可以作为清学与宋明理学在思想上的分水岭。

张寿安先生指出,清儒的主要目的是"要把儒学思想从宋明理学的形式,转向为礼学治世的形式"。研究礼学,自然要涉及理与欲的关系,张寿安先生正是由此入手的。如他认为:"清初顾炎武提倡'实学'思想,其后戴震建立'以欲为首出之义'的新思想,到凌廷勘'以礼代理'之说出,然后清儒'通经致用、重欲务实'的学风,才有了前后承启的完整思想体系。"②我们从这种论述中可以看出,重视"礼"的研究必须要以"欲"为首出,而"礼"是对"欲"进行限制使其合乎规范。同时,

---

① 余英时:《宋明理学与政治文化》,《余英时文集》第十卷,广西师范大学出版社 2006 年版,第 24 页。

② 张寿安:《以礼代理——凌廷勘与清中叶儒学思想之转变》,河北教育出版社 2001 年版,第 1 页、第 6 页、第 33 页。

"礼"是外在的,循礼而行即使达到"动容周旋皆中礼"的地步,如何能保证行为中"礼"的同时"心"也合理? 毕竟"礼"只是"理"的外在表现。其实,以人欲为首出、以礼加以节制,清初陈确已经有类似说法,黄宗羲批评道:"焉知不是荀子之性恶,全凭矫揉之力,而后至于善乎? ……必从人欲恰好处求天理,则终身扰扰,不出世情,所见为天理者,恐是人欲之改头换面耳。"[①]

这里并不是说王学不重视礼,邹守益说:"予尝受学于阳明先生,获见虔州之教,聚童子数百而习以诗礼,洋洋乎雅颂威仪之隆也。……窃叹人性之善,无不可教,患上之人未有以昌之也……读而叹曰:是(指'礼')固人之形也! ……仁也者,人之精神命脉也。……礼乐之文,非自外至也,自中出者也。"[②]王学重视礼的作用,只是他们更重视礼的内核,更重视内心的修养和道德的提升,礼是必需的,但是不可以提到与"仁"与"理"相同的地位。可见,由于"礼"有具体的规范可行,又易于推广,因此,"以礼代理"有助于经世。可是在没有内在理的支持下,即使能做到循礼而行也不能保证循礼之人获得"礼义",也就是"理"。这就会给部分"口君子之言,行君子之行,而心狗彘之心的人"以机会。上文已经指出清代学者人品的下降,虽然目前还没有直接证据表明这种下降是由于学理的变化而导致的,可是这种间接的影响是毋庸置疑的。

二、王学内部在这一时期的变化及其影响

以上主要对比分析了程朱理学、阳明心学和清初学术特别是"以礼代理"思潮及考据学社会背景和学理方面的一些不同。当然,在明

---

① 黄宗羲、陈乃乾整理:《与陈乾初论学书》,《黄梨洲文集》,中华书局 1959 年版,第442—443 页。
② 邹守益:《谕俗礼要序》,《邹守益集》,凤凰出版社 2007 年版,第 23 页。

末清初这一段,我们认为最重要的还是阳明心学,理由之一就是全祖望总结的清初三先生:黄宗羲、孙奇逢、李颙,全部是王学家①。只是这一时期的王学,处在全面修正期,黄宗羲在王学内部修正王学,孙奇逢、李颙则站在王学的立场上提倡朱陆调和。由此可见,王学确实出现了问题。黄宗羲在《明儒学案》中指出:"阳明先生之学,有泰州、龙溪而风行天下,亦因泰州、龙溪而渐失其传。"②其实,"失其传"者,远不止泰州学派与王畿。

要考察王学的流传,必须先考察其流派。目前对王学的分派影响较大的有《明儒学案》中提出的按照地域分派;牟宗三先生的按照学理分为浙中派的王龙溪、泰州派的罗近溪和江右派的罗念庵和聂双江;还有按照治学特点而分的现成派、归寂派、修正派;还有虚无派、日用派等。后两种分派有其自身缺点,如:现成派何尝反对一般的修证功夫?所谓"日用派",自然是强调日用常行的工夫,但是对日用常行的重视,何尝是从明代才开始的?因此,这种分派只可以作为帮助理解,不适宜作学理的区分③。倒是牟宗三先生的划分,以原始王学作为评判标准,对我们的研究不无启发作用。只是我们必须指出,这种划分是粗略的,以这种划分为指导是可以的,但是必须用横向和纵向的眼光来丰富这个划分。

横向的眼光是指,要考虑到与王龙溪同时的还有钱德洪,他们虽然同时聆听和记载了王阳明的"天泉证道",却形成了不同的学术思路和风格,对后世产生了不同的影响。罗念庵和聂双江的"归寂"也不是凭空产生的,必须联系到他们之所以在良知之上另求本体,是因为当时学者认为良知太易,以至于出现太多"现成良知"和伪"良知"。王学的流衍和分化恐怕都要从天泉证道说起。《传习录》和《王阳明年谱》

---

① 全祖望:《二曲先生窆石文》,《鲒埼亭集》卷十二,四部丛刊本。
② 《黄宗羲全集》第七册,浙江古籍出版社1993年版,第820页。
③ 关于王学的分派可参见蔡仁厚:《王学流衍》,人民出版社2006年版,第1—12页。

五十岁条下,记载天泉证道甚详,天泉证道的结果就是"四有"与"四无"教的产生①。这其中引起争议比较大的是"四无"教,特别是"无善无恶心之体"一句。黄宗羲曾对这一句极力辩白,认为此非王阳明原话,并且认为这也不是王畿晚年定论:"若心体既无善恶,则意知物之恶固妄也,工夫既妄,安得谓之复还本体? 斯言也,于阳明平日之言无所考见,独先生(指王畿)言之耳。然先生他日答吴悟斋云:'至善无恶者心之体,有善有恶者意之动,知善知恶者良知也,为善去恶者格物也'此其说已不能归一矣。"②其实从学理的角度来看,王畿所谓的心体无善恶,首先是先抽象地论述一个本体,这个本体是道德之根、价值之源,当然是纯粹至善的。之所以说它是无善无恶,是强调心体是"理"而非"事","事"有相而"理"无相。无善无恶的"无"意在去除善恶的相对而强调本然的善,这与告子所谓的"性无善无不善"不同。黄宗羲强调心体的本善,则主要是从道德约束的角度来说的,正如他反对陈确以人欲为首出一样,他要保守住王学的道德警醒作用,而不得不反对"无善无恶心之体"一句。

其实,王畿的学说就是一种现成良知,这种现成良知也部分符合王阳明的本意。王阳明的良知是由天赋一次完成的,并且具有终极的性质,后天的格物致知不会对其有任何损益,充其量只是保守而已。他说:"道即是良知。良知原是完完全全的,是的还他是,非的还他非,是非只依著他,更无不是处。""缘此两字(指良知),人人所自有,故虽至愚下品,一提便省览。"③可见王畿的说法并没有背离其师的思想。只是,王畿提出"四无"说时,年仅三十岁,悟性虽高而修养不够,王阳明也是反对没有修养工夫支持的现成良知的,他说:"近时同志亦已无

① 《王阳明全集》,上海古籍出版社 1992 年版。
② 《黄宗羲全集》第七册,浙江古籍出版社 1993 年版,第 269 页。
③ 《传习录》卷上,陈荣捷《王阳明传习录详注集评》(修订版),学生书局 1992 年版,第 325 页;及《王阳明全集》,上海古籍出版社 1992 年版,第 204 页。

不知有致良知之说,然能于此实用功者绝少,皆缘见得良知未真,又将致字看得太易了,是以多未有得力处。"①王畿领会阳明旨意的一个偏颇还在于,他将本然良知与自觉意识混在了一起。他说:"良知原是无中生有……虚寂原是良知之体,明觉原是良知之用。体用一源,原无先后之分。"②从上一引文则可以看出,王阳明是认为本然状态的良知必须经过后天的致知过程才能为自觉意识所掌握。这也就是王阳明所说的将良知从欲与习的遮蔽中重新发现出来的过程。王畿之后,与其学说相似而走得更远的是泰州学派。

与王畿不同,泰州学派已经不单单认可现成良知,他们甚至连情欲等一向被宋明理学家视为危险的因素,也要加以承认。对情欲的正面肯定自然与当时经济发展和市民文化的发达相关,但是这种对情欲的肯定却可以导致两种结果:一种结果就是泰州门下李贽的风格。他认为情欲是人生而有之的,不能够对其采取"存天理,灭人欲"的态度,特别是不能因受制于既成的社会规范和伦理纲常而违背本心的"存天理,灭人欲"。历史上的李贽一直是被作为离经叛道的典型,但是如果籀读李贽的文集,我们可以发现,他并不是一味地反对儒家提倡的孝悌忠信和伦理纲常,他只是要求把伦理的"孝悌忠信"转化为人情的"孝悌忠信",以求"孝悌忠信"之真。但是正如沟口雄三教授指出来的那样:"他们(指李卓吾和他的同调们)虽然冲击了模式化的虚构的纲常或追问了其本质,但没有从根本上追问纲常的本身。他们从'本心'方面检验了既成的孝悌忠信,但这个'本心'如脱离了孝悌忠信本身,就没有了存在的理由。""他(李卓吾)的这个自觉,不是从纲常之场飞出又飞回纲常之场,或飞向非纲常之场,他只是追求只存在于赤裸裸的人中的自然本来的真实的纲常……人之所以为人的明德到底是什

① 《王阳明全集》,上海古籍出版社 1992 年版,第 221 页。
② 《王畿集》,凤凰出版社 2007 年版,第 97 页。

么呢？只能说不知道,这样他就把人之所以为人的前提破除尽了。"①
也就是说,李贽打破了通行的虚伪的伦理纲常,而追求真性情。但是
在打破纲常的同时,他并没有建立起新的行为规范,而且他追求真性
情的方式、方法也无法为当时和后世人所理解,他是超越于他的那个
时代的,所以他不被那个时代所理解。

　　另一个方向则是正统王学家所代表的道德严格主义,他们的思想
更为后世重视和继承。王学之所以被归为心学,是因为王学认为"心
即理",而程朱理学则认为理是"如有物焉,得于天而具于心"。因为理
是至善的,而人性中存有恶的一面,因此程朱理学分出气质之性义理
之性和善恶相对应。王学认为心即理,心与理的合一,使得气质之性
与义理之性的划分不再引起他们的重视。邓定宇便说:"性无弗善,后
虽汨于气质,存之则复善矣。由是观之,性是性,气质是气质,又乌有
气质之性哉?"罗大洪也认为:"气质之性非性,离气质又不可觅性。"黄
省曾言:"性不过是此气之极有条理处,舍气之外,安得有性?"刘宗周
说:"理即是气之理,断然不在气先,不在气外,知此则知道心即人心之
本心。"由此可见,气质之性与义理之性的对立已渐渐为学者所打破。
而气质人人不同,特别是气质是后天的,自然要受到引蔽习染,对于严
肃的学者来说,必须要采用沙里淘金的工夫,将天赋之理捡择出来加
以保守。王汎森先生说:"总之,理欲合性、合二为一等具有自然人性
论倾向的思想,基本上是明代思想家对应现实发展出来的,也是明季
王学中左、右两派相当普遍的态度。"②这种思路对清中前期的学者都
有影响,如陈确气情才皆善论;戴震、凌廷勘等人重视情欲又强调礼的
作用等。

　　王学内部的变化不止于此。王畿和泰州学派所奉行的学术蔚为

---

① 沟口雄三著,索介然译:《中国前近代思想的演变》,中华书局2005年版,第78页、第
　91页。
② 王汎森:《晚明清初思想十论》,复旦大学出版社2004年版,第105页。

风气并不断发展,王阳明强调人心需要时时警醒、私欲需要时时剔除的思想被不断突破。这在一些后世儒者看来是不可容忍的。比如,备受近现代和当今学者所重视的李贽就被黄宗羲剔除出《明儒学案》,顾炎武也说:"自古以来,小人之无忌惮而敢于叛圣人者,莫甚于李贽。"① 在王学发展史上,有很多辩论,其中比较重要的就是王龙溪和聂双江的《致知议辩》。当黄宗羲论述到王龙溪和罗念庵的辩论时,很明显地偏袒于罗念庵,②由此也可见黄宗羲对王龙溪的态度。罗念庵和聂双江在后世的分派中同属于"归寂派",他们二人没有亲炙阳明,都是后淑在阳明死后列入门墙的。他们的学说是为了修正王学的流弊,特别是现成良知而发的。这可以看做是王学内部第一种偏离于王阳明的变化。可见,黄宗羲和顾炎武等明末清初的学者对泰州学派还是不满的,这时的学者虽然在关于理与气、情与欲等的论述上与泰州学派有相似的地方,但是这些相似只能够看做是当时学术发展的一种情况,而不能认为是对泰州学派的继承。

如上所述,王畿的悟性高明,很能发挥师说,但是正如双江指出的那样:"尊兄(指龙溪)高明过人。自来论学,只是混沌初生无所污坏者而言。而以见在为具足,不犯做手为妙悟,以此自娱可也,恐非中人之下所能及也。"可见,双江是反对龙溪讲见在良知而有所发。罗念庵也是如此。③ 他们二人都有一个共同的特点,就是不相信良知的自足,他们认为,良知还要分已发和未发:表现为知善知恶的良知,尚不足恃,必须通过致虚守寂的功夫,回归到那未发之寂体,方是真良知;而这也正是他们偏离王阳明本旨的地方。④ 王阳明对良知的规定是:"未发之

---

① 顾炎武著,陈垣校注:《日知录校注》,安徽大学出版社 2007 年版,第 124 页。
② 黄宗羲:《明儒学案》,中华书局 2008 年版,第 427—428 页。
③ 双江语见黄宗羲:《明儒学案》,中华书局 2008 年版,第 479 页。罗念庵说:"今也不然,但取足于知,而不原其所以良,故失养其端,而惟任其所以发。遂以见存之知,为事物之则,而不察理欲之淆淆;以外交之物,为知觉之体,而不知物我之倒置,岂先生之本旨哉。"见黄宗羲:《明儒学案》,中华书局 2008 年版,第 460 页。
④ 牟宗三:《从陆象山到刘蕺山》,上海古籍出版社 2007 年版,第 211—221 页。

中即良知也,无前后内外而浑然一体者也。有事无事可以言动静,而良知无分于有事无事也。寂然感通可以言动静,而良知无分于动静也。"①可见,在阳明看来,良知不可区分已发和未发,是即感即应的。良知既是那寂然不动的"中",也是作用于万事的"和"。正是从这个意义上,王阳明在解释致良知时才会说,致吾心之良知于事事物物,使万物皆得其理。

正因为在良知的自足性上与阳明出现了分歧,所以罗念庵和聂双江都趋向于"向内转",即希望在知善知恶的良知之外,再在内心中找到一个依据,这个依据可以规定良知。罗念庵说:"良知者,至善之谓也。吾心之善,吾知之;吾心之恶,吾知之,不可谓非知也。善恶交杂,岂有为主于中者乎? 中无所主,而谓知本常明,不可也。"②在这里可以看出,罗念庵对"知善知恶的良知"的戒惧。他认为,知善知恶的良知,更多与情相联系,而情在每人每天都是不停变化的,即使良知知道了一时的情是善还是恶,还是不能保证有善而无恶。这就是他要找个"主"即未发良知的原因。

其实,如所知道,王阳明的良知就是天理,不分未发已发,只是罗念庵对王阳明的理论思路了解得不是很透彻(罗念庵是在王阳明去世之后才称弟子的,没有见过阳明),罗念庵和聂双江的学说,主要是针对王龙溪,特别是王龙溪的现成良知而发的。罗、聂二人之所以要在良知之外再寻本体,主要是因为看到了现成良知对学者的危害。罗念庵批评道:"自未闻良知之说以前,诸公之学,颇多得力。自良知之说盛,今二十余年矣,后之得力,较先进似或不勇,此岂无故耶?""龙溪之学……持此应世,安得不至荡世乎!"聂双江也说:"近世学者,猖狂自恣,往往以主静为禅学,主敬为迂学,哀哉!""以独为知,以知为知觉,遂使圣人洗心藏秘一段反本功夫,潜而袭之于外。纵使良知念之精

---

① 《王阳明全集》,上海古籍出版社1992年版,第64页。
② 黄宗羲:《明儒学案》,中华书局2008年版,第446页。

明,亦只于发处理会得一个善恶而去取之。"①综观上述引文可见,在王阳明去世之后,龙溪发挥王阳明的学说时,还是以"四无"为主,甚至将"四无说"也当成了权教。阳明虽然也说良知是现成的,不是通过后天学习得来的,也具有先天的具足性。但是阳明将良知作为一个过程来实现。王阳明认为良知是人人都有的,不分愚贤,同时阳明也承认:"习俗移人如油渍面,虽贤者不免。"②这样,良知也会受到遮蔽,于是我们在日常生活中表现出来的言行以及内心的意与念,就不一定是和良知相适应的。因此,王阳明在强调良知具足的同时,也重视致良知。并且他认为致良知是一个永不间断的过程:"人若真实切己,用功不已,则此心天理之精微,日见一日。"然而,龙溪的思想更进于其师一步,他认为良知在天赋于人的同时,也就为人所把握:"良知原是无中生有……虚寂原是良知之体,明觉原是良知之用。体用一源,原无先后之分。"③正因为先天与自觉把握没有先后之分,因此,龙溪认为良知在现实生活中随感随发:"不学不虑,乃天所为,自然之良知也。惟其自然之良,不待学虑,故爱亲敬兄,触机而发,神感神应;惟其触机而发,神感神应,然后为不学不虑,自然之良。"

同时,在致良知的过程上,王龙溪和王阳明也发生了矛盾。王畿以为,本体包容工夫,本体即是工夫。一旦了悟良知,则良知即是工夫,无需再用工夫:"盖良知即是未发之中,此前更无已发,良知即是中节之和,此知以后更无未发"去掉了良知的过程性,以本体吞并工夫,过分强调良知的永远现成性,这些都是对王阳明良知论的背离。这种背离取消了从认识良知的本然,加以工夫的磨炼,把本然良知转化为明觉的良知的过程。毕竟,虽然本然良知不可否认,但是智愚贤不肖的情况在现实生活中是确实存在的,特别是习俗对人的影响也是不容

---

① 黄宗羲:《明儒学案》,中华书局 2008 年版,第 457、468、437、430 页。
② 王守仁:《王阳明全集》,上海古籍出版社 1992 年版,第 467 页。
③ 《滁阳会语全集》卷二,《王畿集》,凤凰出版社 2007 年版,第 258 页。

忽视的,本然良知在这种情况发生时的作用微乎其微。因此,对于那些没有深入了解王阳明良知学说的学者来说,如果只是信从王畿的说法,出现玄虚而荡的情况也就不足为奇了。这也正是罗念庵、聂双江反对王龙溪反对现成良知的原因。

王学内部出现的第二种变化在某种程度上说,比第一种更为重要。那就是王学中日用常行之学受到重视。众所周知,陆王之学都是先立其大的。陆九渊的学说与朱熹不同的一个方面就是陆九渊在根本处着眼,也以此批评朱学为"支离"。正因为先立其大,因此,陆九渊不是很重视学理的细致分析。王阳明虽然推崇陆九渊,但也认为陆学"粗些"①。王阳明对于其学说一直在不断地摸索使其成为一个自足的体系。他既强调本体,也重视工夫,更没有脱离儒家学说在道德警示和行为规范方面的作用。如上所述,王阳明强调从本然到明觉的把握,强调致良知的过程性。而这一把握和过程,又是在社会和生活中展开的,因此,王门后学中,便出现重视日用常行的一种风气。其中邹守益的学说具有代表意义。首先,邹守益不同意归寂派的说法,他对聂双江说:"学无寂感。寂感以言乎所指也。譬之日焉,光其体也,照其用也,而以先天后天分,是以体用为先后也。倚于寂则不能以有为为应迹,倚于感则不能以明觉为自然。"②如上所述,聂双江作为归寂派的代表,在强调良知本体必须经过一个从本然到自觉的把握过程时,偏向于意识结构中对良知的追求,而忽视了实践对把握良知的作用,以至于倒向了一种神秘主义的枯寂而不切于用。这里,邹守益指出学不分于寂与感,即强调王阳明所谓的良知无分于内外,内在对良知理论的思考,自然是追求良知的一种方式,但是外在的以良知为指导进行的实践活动,更是致良知不可缺少的一种方式。所谓"倚于寂则不

---

① 《王阳明全集》:"濂溪、明道之后,还是象山,只是粗些。"上海古籍出版社1992年版,第92页。

② 《邹守益集》,凤凰出版社2007年版,第112页。

能以有为为应迹"即意味着,如果只是停留于理性思考,则就无法作用于现实领域,无法以自己的所作所为证明自己对良知的掌握。在王学后来的发展中,脱离现实,不适于用的现象,其实不只是发生在归寂派那里,只是以归寂派表现得更为明显。归寂派过分向内的做法使得他们只能完成自己思想的升华,他们达到的境界往往是无法言传的一种神秘主义的体验。我们很难在这种神秘主义的体验中看出什么是有利于国家人民的地方。而他们一直与之战斗的王龙溪也留下了"玄虚而荡"的治学名声。可见他们无法在实事实行上,给当时的社会和人民提供好的榜样和方法。我们认为,邹守益最大的特色就是以王阳明的原始学说为基础,特别是重视王学的过程论,将王学重新拉回了实际可行的层面。要实际可行,邹守益首先就必须与当时王学中存在的流弊作斗争。因此,他极力论证这些流弊的危害,他认为:"吾跻之悦服师门,众矣。检点事为而未达不睹不闻之蕴,是忽恂栗也;研精性命而不屑人伦庶物之实,是略威仪也;知二者之偏矣,而以自然为极则,以戒惧为加一物,是废切磋琢磨也。"[1]这一段将当时王学的几种流弊介绍得比较清楚。所谓"检点事为而未达不睹不闻之蕴"者,指那些重外不重内者,这些学者往往重视行为的检点而对本体良知把握不够,这样的做法导致"假"的结果。没有对本体良知的把握,则其行为不能认为是从内心发出的,可能只是为了名声或者是现实利益而来,也就是"有所为而为",甚至使其本人成为乡愿。第二种主要是对王畿和归寂派的批评。第三种是对泰州学派的批评,泰州学派认自然为极则,往往以本然良知为明觉,认情欲为本体,这种做法也是邹守益所不许的。与之相适应,邹守益的学说是:"故为善去恶之物格,则知善之恶之知致,而好善恶恶之意诚。诚意、致知、格物,即是一时,即是一事。"[2]这样就将作为本体的良知实地地体现于个体的道德生活中,在

---

① 《邹守益集》,凤凰出版社 2007 年版,第 404 页。
② 同上书,第 441 页。

日常生活中表达出良知本体固有的道德内涵。从而将形上与形下融为一体，本体与工夫合并到一起。其在日常生活中的具体的操作方法就是"敬"。"敬"的提出，和邹守益对理与欲的认识及对当时社会的观察是分不开的。邹守益服膺周敦颐的学说，认为"濂溪元公'一者无欲'之要，阳明先师致良知之规"同功。而当时的社会现实则是"世之机巧变诈者，以为朴鲁无用，从而嗤讪之。机变日深，礼度日败。""扬州之俗侈，吾惧其染于鸩毒也。"①

正是由于上述原因，邹守益重视日用常行，将本体的追求融入到平时的格物中。然而，格物林林总总不可计数，如何才能保证本体与工夫的合一呢？邹守益比较重视礼与乐的作用。首先，邹守益认为，礼与乐是发于内心的。"礼乐之文，非自外至也，由中出者也。犹人之精神命脉，完固而凝定，则粹然见面盎背，以施于四体而无弗顺正而充盈矣。……若徒以崇其仪节而无忠信恻怛以主之，是精神命脉枯竭而支体爪发徒存，终亦必亡而已。"②儒家礼之规定至为细密，用于士人日常生活的指导是比较合适的。但是如果只是巡礼而行而不得礼意，则这种遵礼就是被动的，只能变成是一种桎梏。这里邹守益认识到，礼这种可作为社会的共同规范和行为准则，只有通过主体的有意识的把握并将其内化，才可能成为主体真正的意识，才会达到儒家所谓的"造次于是，颠沛于是"的境地。其实，重视礼的思想在日用常行化的儒家学者中是一个比较普遍的现象。因为重视日用常行，必须在日用常行中有所循守，而儒家资源中最适合这种循守的就是礼了。同时我们认为，这种日用常行之学，也与清初经世致用之学的兴起有着密不可分的关系。其中礼也可作为一个线索，比如，在经世致用学风中最为强调"用"的颜元便很重视礼。

王学在明中后期兴起，并迅速传播，在其传播过程中，由于王阳明

---

① 《邹守益集》，凤凰出版社 2007 年版，第 101 页、第 44 页。
② 同上书，第 23 页。

英年早逝,对其学说中的一些比较关键的部分,并没有做出很好的阐述。同时由于其良知教中,既重视良知的天赋性,又强调其过程性,因此在阳明那里本来很清楚的学说,却被其不同资质的后学按其性之所近,进行了不同方向的发挥。其中影响最大的是王畿和泰州学派,黄宗羲总结道:"阳明先生之学,有泰州、龙溪而风行天下,亦因泰州、龙溪而失其传。"①其实,龙溪对师说的理解在王门后学中无人能出其右,只是他天资太高,对良知的理解又偏重于明觉之自然的部分,并因此扬弃了王阳明的致知工夫论和过程性。当王阳明强调良知天赋于心而对抗程朱理学时,恐怕没有想到这一点。钱德洪说:"师既没,音容日远,学者稍见本体,即好为径超顿悟之说,无复有省身克己之功。……视师门诚意格物为善去恶之旨,皆相鄙以为第一义。简略事为,言行无顾,甚者荡灭礼教,犹自以为得圣门之最上乘。噫,亦已过矣! 自便径约,而不知已沦入佛氏寂灭之教。"②这里将王门后学与佛教作用见性的危害联系了起来。这种批评最适用于泰州学派,泰州学派虽以王艮为始祖,但是大部分人也继承了王畿的现成良知说,并最终走入了"情识而肆"的地步。如上述对王畿的分析,良知既然是无可致力的,那么对诚意与致知也成为多余的工夫。然而,如果整个社会的公共原则和行为规范处于一个比较稳定的时期,这些规范与道德深入人心,自然可以转化为个体的内在意识而在行为中表现出来风俗同的景象,而明代中后期的众多变化使这时的社会道德处于一个松动的时期,各种学说和思想都有其发展空间,这在学术发展上固然有其进步的一面,但是对于身处其中的一般人来说,却很难找到一个公共可行的标准。于是,在社会现实和学术风气的相互激荡之下,便会出现"荡轶礼法,蔑弃伦常"的情况。作为社会公共原则的礼法和伦常,虽然有其压抑个性的一面,同时也有规范人们行为积极的一面,如果一

---

① 黄宗羲:《明儒学案》,中华书局 2008 年版,第 820 页。
② 《王阳明全集》续编一,《大学问》,上海古籍出版社 1992 年版,第 973 页。

味荡轶和蔑弃,则就会对社会的稳定造成不利的影响。如颜山农讲学"每言人之好贪财色,皆自性生,其一时之所为,实天机之发,不可壅淤之,第过而不留,勿成固我而已。"①这种对于财色的正视并不是始于泰州学派,孔子也说过"食、色,性也"的,但是在天理与人欲的一线之间,作为社会表率的知识分子必须掌握天理与人欲这一线之间的差别。在某种程度上说,明代中后期的社会便深受天理人欲纠缠之害,这也是清初诸遗老鞭挞泰州学派及其他王学末流的一个重要原因。

重视日用常行的,不只是邹守益等。一般学者认为,泰州学派更注重于此②。毕竟,由于泰州学派包含很多平民阶层,而且其鼻祖王艮也重视下层人民的教化,下层人民与实际生活更为贴近,又没有时间和精力专门进行形而上的研究和探讨,因此必然要重视日用常行的修养,将本体化于工夫中。黄宗羲指出:"阳明卒于师,先生迎哭,至桐庐,经纪其家而后返。开门授徒,远近皆至。同门会讲者,必请先生主席。阳明而下,以辩才推龙溪,然有信有不信,唯先生于眉睫间省觉人最多,谓'百姓日用即道',虽僮仆往来动作处,指其不假安排者示之,闻者爽然。"③"百姓日用即道",可谓泰州学派的一个行动纲领。这一纲领在罗汝芳那里得到了提升,成为破除光景的一个法宝。罗汝芳乃是泰州学派的特出者,他并没有受到后世太多的诟病,他也是泰州学派中为数不多的为黄宗羲所赞誉者。所谓光景,就是空说良知本体,或者良知之流行。这也是王学沦于空疏的一个表现。王龙溪和罗近溪都有这样的倾向,泰州学派的其他人也是如此。如王艮之子王襞认为:"性之灵明曰良知,良知自能感应,自能约心思而酬酢万变。知之为知之,不知为不知,一毫不劳勉强扭捏,而用智者自多事也。""人人

---

① 王世贞:《嘉隆江湖大侠》,《何心隐集》内附,广东省立中山图书馆 1988 年版,第 143 页。

② 蒋国保:《儒学的民间化与世俗化》,南京大学学报(哲学人文科学社会科学版)2007 年第 6 期。

③ 黄宗羲:《明儒学案》,中华书局 2008 年版,第 892 页。

本有,不假外求,故曰'易简'。非言语之能述,非思虑之能及,故曰'默识'。本自现成,何须负担? 本无远不至,何须扩充? 会此,言下便了了。"①关于道的解释,《周易》确实有"百姓日用而不知"的说法,可见道确实存在于人们的日用常行中。阳明关于良知的流行也有"道一而已,仁者见之谓之仁,智者见之谓之智……百姓日用而不知,皆是道也,宁有二乎?"②只是王阳明没有将百姓日用直接等同于圣人之道,毕竟圣人之道虽然表现在日用常行中,但是要达到对圣人之道的自觉地把握却必须通过工夫的运用,"随心所欲不逾矩"毕竟还是有规矩在的。如果直接把百姓日用等同于圣人之道,则工夫就没有下手处,给人以佛教的"作用见性"之误解。罗汝芳的贡献就在于,将良知的流行切实地融入生活当中,既避免了空说良知本体,又能够兼顾良知的流行。而且,如上文所指出的那样,作为重视日用常行的学者,罗汝芳也重视礼的作用:"礼仪威仪,即致中和的实事,而功化之所由成也""惟中而和,则敬一己之精神而通天地民物矣,复安得而不礼耶? 故观'一日天下归仁'则可见礼自复而充周也。"③可见,他不但认识到了日用常行的重要性而且认识到了对日用常行的规范。同时,罗汝芳自觉分辨了本然之知,即人的认识能力和明觉之知,即人的自觉意识。他说:"汝辈只晓得说知,却不晓得知有两样:故童子日用捧茶,只一个知,此则不虑而知,其知属于天也,觉得是知捧茶,又是一个知,此则以虑而知,而是知之属之人也。……人能以觉悟之窍而妙合不虑之良,使浑然为一而纯然无间,方是睿以通微,又曰神明不测也。"④正是因为对本然与明觉有明确的区分认识,使罗汝芳避免了作用见性的危险,也使得良知流行于日用的过程更为切实。

---

① 黄宗羲:《明儒学案》,中华书局 2008 年版,第 841、第 845 页。
② 《王阳明全集》,上海古籍出版社 1992 年版,第 205 页。
③ 《罗汝芳集》,凤凰出版社 2007 年版,第 14、第 26 页。
④ 同上书,第 44 页。

然而,不论是邹守益还是罗汝芳都在一定程度上推动了王学进一步贴近下层人民。这种影响有利有弊,积极的一面在于推动了王学的传播,虽然在有明一代王学始终在朝堂之上没有得到认可,但是在民间却着实压过了程朱理学;消极的一面在于,王学的流行推动了主体意识的高扬,而这种高扬是以原始王学道德警策性的丧失为代价的。

三、清初诸遗老的反思——以日用常行为例

在宋明理学的发展中日用常行之学的兴起,往往与天地万物一体的思想和对情欲的肯定相联系。清初学者中重视日用常行者也多与第二个方面有关。

如上所述,对情欲的肯定其实是从明代中期开始的。其先导是对义理之性与气质之性对立的批判。清初对情欲的肯定中,关于人性论的论述最激进者当属陈确。陈确认为:"人欲不必过为遏绝,人欲正当处,即天理也。"①显然,这是上承刘宗周"义理之性即气质之性之本性"而来,只是比乃师更进了一步。这同时也是明代中后期社会发展的必然结果。承认了情欲、气、情、才等的合理性,并不意味着就一定要沉迷于情欲,率性而为,这在陈确身上也得到了很好地体现。如果说性、情、气、才等皆是有善而无恶的,那么人在现实生活中的"恶"又是如何形成的呢? 这是一个不可回避的问题。清初诸学者也必须回答这个问题,他们认为这是"习"造成的。

这种思想明显是孔子:"性相近也,习相远也"(《论语 阳货篇》)的发挥。这在儒家传统中也是公认的。王阳明在论述恶的产生时也说:"君子之学以明其心。其心本无昧也,而欲为之弊,习为之害。"②王阳明认为心即理,对于性的关注和分析不多,而他又认为良知不分内外

---

① 《陈确集》,中华书局 1979 年版,第 425 页。
② 《王阳明全集》,上海古籍出版社 1992 年版,第 233 页。

动静,因此对于气质之性与义理之性的划分虽然没有明确的批评,可是也置于不论不议之列。如上文所述,阳明后学中对气质之性和义理之性的划分早已不满,到刘宗周那里就将气质之性与义理之性合并归一了。然而,我们从王阳明的上述论述中可以得知,虽然阳明不分析义理之性与气质之性,但是他还是承认"欲"的危害的,即使是王门后学中将义理之性与气质之性合并归一者,也正视欲对求道的危害,更有学者提出无欲的主张。邹守益便认为"欲净然后情正,情出于正,虽留而不害,性凿欲荡,以绝世之智,犹不自觉。""良知之清明也,……然而有时昏且浊者,则欲累之也。故圣学之要,在于无欲。"①对于情欲等的肯定,其实主要是从泰州学派开始的。泰州学派毕竟以平民为主,要想吸引普通大众的注意,必须首先从百姓最关心的饮食男女开始做起,百姓毕竟不能像颜子那样"一箪食,一瓢饮,在陋巷,人也不堪其忧,回也不改其乐"。要做到这一点,泰州学派就必须消除天理与人欲的紧张关系。何心隐说:"是孔孟之言无欲,孔孟之无欲也。岂濂溪之言无欲乎?且欲惟寡则心存,而心不能无欲也。欲鱼欲熊掌,欲也。舍鱼而取熊掌,欲之寡也。……能寡之又寡以至于无以存心乎?"②在此何心隐指出,孔孟之无欲是寡欲,是将欲望控制在合理的范围内并且对于欲望有所选择,舍利取义;而周敦颐的所谓的无欲是真正的没有任何欲望,而这是无法做到的;陈确提出的天理从人欲中见,却是继承刘宗周的思想;刘宗周认为"心之官则思,思本无邪,其卒流于邪者,勿思耳。以为思欲无邪,非也。思无邪者,闲邪之学也。诗以理性情,人心之情本正,何邪之有?"③刘宗周的这种说法,是与其学说息息相关的。所谓心之官则思,是指思考是心的功能,这个功能本身是没有善与恶之分的。至于心思流于不正,则是因为人没有发挥心功能而使自

① 《邹守益集》,凤凰出版社2007年版,第36、第47页。
② 何心隐:《何心隐集容肇祖整理》,中华书局1981年版,第42页。
③ 黄宗羲:《明儒学案》,中华书局2008年版,第984页。

己的行为偏离了儒家之道，即当时的社会规范和道德原则。程朱理学讲情，多是将情联系到气质之性，"情与心与才，便合着气了"，因为合着气了，情便有善有不善。"伯丰论性有已发之性，有未发之性。（朱子）曰：'性才发，便是情。情有善恶，性即全善。'"①在这里刘宗周将性与情的对立消解了。即便如此，刘宗周对欲的危害警惕性还是很高的。他承认情善，但是却不认为欲和情是相等的。他说："从人欲一齐放过，谓文既足以溺心，礼亦不免于执着，绝意去智，专用力于末由之境。微者坠于空寂，放者入于猖狂，佛老之教行，而圣道裂矣。""盖耳目口鼻之欲，虽生而有之乎，然独无所以宰制之乎？即是所谓命也。故君子言命不言性。以致遏欲存理之功。"②可见，刘宗周虽然承认情的正当性，但是对欲却一直是慎之又慎，因为他明白，一旦承认欲的正当性，则容易导致欲与天理的混淆，在当时的学术风气已经普遍承认人的原始欲望的情况下，一旦在学术上加以无限制的肯定，则只会对世道人心造成不利的影响。明清鼎革之后，陈确对于程朱理学的批评不遗余力：不但否认《大学》的圣经地位，而且在人性论方面完全和程朱唱起了反调。陈确对传统的心性理气的解说都有很大的突破。他认为气、情、才皆善，人之所以会表现出恶，只是因为"习"的影响。黄宗羲对其人性论提出了批评，主要着眼点在于"义理之性与气质之性"与"天理与人欲"这两组概念的区别③。其实，从陈确对性善的论证中已经看出，他已经偏离了孟子"性善"的宗旨，而流向所谓无工夫则无真本体的说法（具体参见上述黄宗羲的批评）。

无工夫则无真本体，可以看作是对王学的终结，也可以看作是对宋明理学的终结。牟宗三先生认为，刘宗周是宋明理学的最后一人，恐怕也是从这个意义上说的。无功夫则无真本体的一个危害就在于，

---

① 黎靖德编：《朱子语类》，中华书局 1986 年版，第 97、第 90 页。

② 黄宗羲：《明儒学案》，中华书局 2008 年版，第 987、第 919 页。

③ 黄宗羲著，陈乃乾整理：《黄梨洲文集》，中华书局 1959 年版，第 442 页。

这可能否认性善的宗旨。上引黄宗羲对陈确的批评便有："老兄云人性无不善,于扩充尽才后见之。如五谷之性,不艺植、不耘耔,何以知其种之美? ……夫性之为善,合下如是,到底如是,扩充尽才,而非有所增也。即不加扩充尽才,而非有所减也。……若比扩充尽才,始见其善,不扩充尽才,未可为善,焉知不是荀子之性恶,全凭矫揉之力,而后至于善乎?"这里黄宗羲强调的一点就是性善是超验的,不必证明,也是必须要承认的,如果性善需要功夫来证明的话,那么不善的行为也可以证明性恶,则性善就失去了天然的依据,而给恶行提供了借口。儒家传统最重视的是对风俗人心的改造,这个改造的前提就是性善论,既然性本善,则对善的追求是不容自已的、自然的行为。同时性善论也有道德警策的作用,性善既然是公共的,则善应该成为公共原则和准则。那么恶行就自然成为违反公共道德的行为,同时承认性善的超验性与不受损失,则给每个人弃恶从善提供了内在的可能。因此,性善论历来为儒家学者所重视。以五谷喻性,陈确不是唯一的一个,颜元也是如此。颜元的第一步自然也是反对天命之性与气质之性的划分,而认为形是第一位的,性是第二位的,性附丽于形而生。从这种观点出发,性无恶则形也应该无恶,因此,颜元也反对气质有恶说:"若谓气恶则理亦恶,若谓理善则气亦善。盖气即理之气,理即气之理。乌得谓理纯一善而气质偏有恶哉!"[1]承认气质是善,则必然将与气质相关的情欲等置于合理的地位。颜元说:"男女者人之大欲也,亦人之真情至性,你们果不动念乎?"又他在二十六岁时,"寓白塔寺椒园,有僧无退者,……侈夸佛道,先生曰:'只一件不好'僧问之,曰:'可恨不许有一妇人'"[2]既是如此,那么人之恶从何而来呢? 与前人相似,颜元也认为是后天渐渍习染而来的:"习与性成,大约孔孟而前责之习,使人去其所本无,程朱以后责之气,使人憎其所本有,是以人多以气质自

① 《颜元集》,中华书局1987年版,第76页。
② 同上书,第77页。

诿,竟有'山河易改,本性难移'之谚,其误世岂浅哉?"(存性编卷一)更值得注意的是,颜元提出了棉桃喻性之说:"天道混沦譬之棉桃,壳包棉,阴阳也,四瓣,元、亨、利、贞也,轧、弹、纺、织,二气四德流行以化生万物也;成布而裁之为衣,生人也;领、袖、襟裾,四肢、五官、百骸也,性之氣質也。"①所谓"轧、弹、纺、织"即工夫,只有进行切实有效的实践,才能将天地之道性之德发挥出来。而其"性之气质"一语,更是将气质之性与义理之性的合并归一发挥到了极致。

需要指出的是,这些学者都是不重视内在心性之学的。陈确向来不喜欢理学家的著作,他虽然是刘宗周的及门弟子却没有继承过多刘宗周的学说。他自己坦言:"开美邃于理学,而确素不悦理学家言,故不甚知其是非。……于此时而犹然与学者说本体、说作用、说已发未发,动静显微,转增幻惑。"黄宗羲也说陈确:"大抵老兄不喜言未发,故于宋儒所言未发近于未发者,一切抹去,以为禅障,独于居敬存养,不黜为非。"②颜元更是如此:"仆妄谓性命之理不可讲也……所得共讲之、共醒之,共行之者,性命之作用……亦非徒列坐讲听,要惟一讲即教习,习至难处来问,方与再讲。"③所谓性命之理不可讲,不可徒腾口说,这是对的,但是性命之理未始不可默喻于心。颜元实学的核心是礼乐,因此他所谓的讲习多是礼乐的讲习。(要加入反对读书的一段)与陈确形似,颜元也重视自身的修养,他提倡"日日改过,时时躬省",《年谱》五十五岁记载:"思:心时时严正,身时时整肃,足步步规矩,即时时习礼也。念时时平安,声气时时和蔼,喜怒时时中节,即时时习乐也。……故曰礼乐不可斯须去身。"这就是对礼乐的时时修习。这种修习其实离不开内心的反求,只有反求的儒家传统天命流行于穆不已

① 《颜元集》,中华书局 1987 年版,第 13 页。
② 《陈确集》,中华书局 1979 年版,第 239 页;黄宗羲著,陈乃乾点校:《黄梨洲文集》,中华书局 1959 年版,第 442 页。
③ 《颜元集》,中华书局 1987 年版,第 17 页。

的境界,起码要获得礼义乐义才会对礼乐心悦诚服,则这些修习才是自内流出、自自然然、丝毫不勉强。如果只是按照礼乐的要求硬拗过来,则礼乐只会变成一种禁锢:颜李学派被认为近墨家的苦行,自然有其道理。

这种情况在清初比较普遍。顾炎武也提倡躬行,却反对论性理之学:"命与仁,夫子之所罕言也;性与天道,子贡之所未得闻也。……是故性也、命也、天也,夫子之所罕言,而今之君子之所恒言也。"①黄宗羲虽然还是在王学的范围内,但是他的一些思想也已经超越了理学的范围:"盈天地间皆心也,变化不测,不能不万殊。心无本体,工夫所至,即其本体。""夫求识本体,即是工夫,无工夫而言本体,只是想象卜度而已,非真本体也。"②所谓"工夫所至,即其本体"者,则已经将工夫作为本体的基础,而不是在超越的意义上论本体,舍工夫则本体亦不复存在。而实际上,阳明的良知本体是不以工夫为转移的。这种变化不容小视。对理学同样不利的还在于,程朱理学的发展也基本上处于停滞状态,一些提倡程朱理学的学者在学理方面没有适应新的形势提出新的观点,只是简单地谨守程朱而已。这其中,张履祥、张尔崎、陆陇其等可作为代表。这三人都是通过对王学与朱学的对比而选择朱学的。张履祥言:"弟(履祥自称)自二十以后,因读《龙溪集》憬然有动于心,始知举业之外,有所谓圣贤之学。进而求之阳明'致良知'之说。……斯时志高气盛,以为圣贤可指日而至。然反之于心廓然荡然,若无所依据之处。既数年,乃得《近思录》而读之,因而渐有事于濂洛关闽诸书。……私心揣度,则见以为紫阳之学纯,阳明之学驳,学者从事于紫阳之学终是无弊,而学阳明之失,其弊有不可胜诸。"③张尔崎则认为:"明初学者宗尚程朱,文章质实。名儒硕辅往往辈出。国治民

<hr>

① 顾炎武:《亭林诗文集》,中华书局1983年版,第40页。
② 黄宗羲:《明儒学案》,中华书局2008年版,第3、第843页。
③ 张履祥著,陈祖武点校:《杨园先生全集》,中华书局2002年版,第147页。

风号为近古。自'良知'之说起,人于程朱,始敢为异论。或以异教之言,诠解六经。于是议论日新,文章日丽。……圣贤微言,几扫地尽。而甲申之变至矣。"①陆陇其选择程朱之学的原因与张尔崎相似:"自阳明王氏倡为良知之说,以禅之实而托儒之名,……王氏之学遍天下,几以为圣人复起。而古先圣贤下学上达之遗法灭裂无余。学术坏而风俗随之,其弊也,至于荡轶礼法、蔑视伦常,天下之人恣睢横肆,不复自安于规矩绳墨之内,而百病交作。……故余以为,明之亡,不亡于寇盗,不亡于朋党,而亡于学术:学术之坏,所以酝成寇盗朋党之祸也。"②只是他们对于程朱都过于尊信,守规矩而不敢变化,这种做法当然是与鉴于明中后期学者各立宗旨,各种学说纷繁复杂以致思想混乱但是对于学术发展来说这是不可取的。

当然清初遗老中,不乏超出了理学范围之人,比如陈确、傅山、唐甄等。在这种改朝换代的时期往往是统治者对思想控制得比较严重的时期,只是清王朝入主中原的初期,政权尚不稳定,对思想的控制还没有完成,因此造成了一定程度上思想的自由。随着清王朝的巩固,康熙对儒学特别是理学的提倡将道统与治统集于自身,而程朱理学家们如李光地之流又主动肯定了康熙的这一地位,故理学的衰落更是在情理之中了。

宋明以来的统治者都是将理学作为思想统治的工具,康熙也是如此。清朝立国初期,对于以何种思想作为统治意识,自然也做出了选择:用他们一直信奉的萨满教在中原肯定行不通;明中后期思想界的混乱情况也已经说明王学并不利于思想的统一,毕竟王学是在政治上走不通的情况下,以下层人民为着眼点的。而程朱理学以知识分子为主要对象,更有经二程到朱熹苦心经营自上而下的一系列纲常法则,更适合为统治者所用。但是康熙对程朱理学并没有采用拿来主义,他

①　张尔崎著,张翰勋整理:《蒿庵闲话》,齐鲁书社 1991 年版,第 311 页。
②　陆陇其:《三鱼堂文集》,同治戊辰刻本。

对程朱理学的研究堪称历来君主之首。他对清初程朱理学家,特别是高居庙堂的理学家更是采取了提拔与打压相结合的方式,以使其思想适于统治。如他曾经对理学家说:"尔等皆读书人,又有一事当知所戒,如理学之书,为立身根本,不可不学,不可不行。朕尝潜玩性理诸书,若以理学自任,则必至于执滞己见,所累者多。反之于心,能实无愧于屋漏乎?……昔熊赐履在时,自谓得道统之传,其没未久,即有人从而议其后矣。今又有自谓得道统之传者,彼此纷争,与市井之人何异?凡人读书,宜身体力行,空言无益也。"①康熙曾又提出"理学真伪论"在历代帝王中这也是首例做法。首先就体现他对理学家的不信任。可见,虽然在朝廷居高位的程朱理学家甚多,但是其立身行事已经难以得到康熙帝的首肯。其时的李光地劝导皇帝说:"道统之与治统,古者出于一,后世出于二。"康熙帝"应王者之期,躬圣贤之学,天其殆将复启尧舜之运而道与治之统复合乎?"陆王学派的李绂则以更直接的"劝进"来抵消他一直公开诋毁朝廷正在提倡的朱子学的行为,他根本认为:"我皇上功德至隆,咸五帝,登三王";且尧舜所长不过事功而已,"我皇上于尧舜事功之外,探天性之秘奥,抉圣道之渊微",故"超越古帝王实倍伦等"。两人都强调康熙帝在圣贤之学或圣道方面的成就,只不过李光地是希望,而李绂认为已实现"治统、道统萃于一人"。这种情况下,程朱理学以道统为依据对治统的限制荡然无存。发展到乾隆对程颐"天下治乱寄宰相,君德成就责经筵"的说法极力批评就不足为怪了②。因此,清前期,以至于整个清代的理学特点就是:"学理无创新,重在道德规范。"③朝廷这种态度对王学的影响只要从一个事例即可看出:毛奇龄著《四书改错》,但是在知晓朝廷以程朱为正学之后,马上烧书劈版。此后王学家就绝少。

---

① 　中国第一历史档案馆整理:《康熙起居注》,中华书局 1984 年版,第 2222 页。
② 　清高宗撰:《御制文集第二集 书程颐论经筵札子后》(四库全书本),第 863 页。
③ 　史革新:《清代理学史》,广东教育出版社 2003 年版,第 13 页。

在明中期至清康熙前期,程朱理学和王学都经历了一个轮回:原本居于主流思想意识被作为官方意识的程朱理学由于不适应社会发展,被来自于民间的王学所取代,经历了改朝换代之后,由于政治原因和自身积弊,王学的地位在民间和官方重新被程朱理学取代。当然,这时期也产生了对程朱和陆王都不满的学者,从而走出了理学的范围。这其中一系列的社会和思想变化值得我们关注。

第一章　明代政治环境与士人心态

第一节　"岂非骨鲠之臣已空于建文一代"
——明代中前期朝廷对士人的态度及其对士人之影响

　　明代政府对士人之残酷，已成为中国中世纪政治压迫的典型，历来为史家所注意，并有众多学者对其进行专门研究。顾炎武的一句："岂非骨鲠之臣已空于建文之代"，又谓："自八股行而古学废，《大全》出而经说亡，十族诛而臣节变。洪武之间世道升降之一会矣。"这一论述告诉我们，对这个问题的研究似乎要从明成祖时期开始，这是不错的。然而，明太祖朱元璋对士人的态度又是如何呢？

　　关于朱元璋对士人的态度，首先应该从其对政治制度的改革开始，而这些改革中最引人注目的自然是 1380 年废除宰相制度。黄宗羲曾指出："有明之无善政，自高皇帝罢宰相始。"①之所以认为废除宰相与朱元璋对士人的态度有关，是因为宰相在士子精神上的特殊地位。宰相制度最早起于战国时期，其时官僚制代替了世卿世禄制。当秦始皇统一六国之后，便正式确立了宰相制，以"掌丞天子，助理万机""宰相之职，佐天子，总百官，治万事，其任重矣"②。因此宰相的权力在一人之下、万人之上，无所不管，于宰相制度的初期，特别是西汉时期，

---

① 黄宗羲：《明夷待访录》，中华书局 1921 年版，第 34 页。
② 宋祁等：《新唐书》，中华书局 1975 年版，第 45 页。

与当时的皇权基本上处于平等状态。当时萧何、曹参等一批名相出现，并在政治舞台上发挥着重要作用。但就在君相"坐而论道"之时，相权和皇权之间的矛盾开始暴露出来。由于相权的膨胀使皇权受到威胁，皇帝便想办法制约相权，宰相也就很快迎来厄运。仅西汉初期到汉武帝时期的百余年间，相权虽然很大，但被杀的宰相也达三十多人。在唐代，宰相制度得到了成熟和完善，三省长官同为宰相，这样将宰相的权力进行了分化；宋代更是宰相权力的衰落期，宋太祖将宰相的权力一分为三：在宰相之下设置参知政事为副相，分割宰相的行政权；设置枢密院管理军事，分割宰相的军权；设三司管理财政收入等，分割宰相的财政权。虽然宰相的权力在宋代时已经受到了极大的削弱，但是当时的士大夫对宰相的期待还是相当之高，程颐说："天下治乱系宰相，君德成就责君筵。"①可见，宰相在士大夫心目中绝不仅仅是"皇帝的大管家"。历来学者认为，宋代是君臣共治天下的典范，其时士大夫对宰相的期望更是历朝最高的。这与宋代统治者以文治国的取向相关："自古创业垂统之君，即其一时之好尚，而一代规模可以豫知矣。艺祖革命，首用文吏而夺武臣之权，宋之尚文，端本乎此。……上之为人君者，无不典学；下之为人臣者，自宰相以至令录，无不擢科，海内文士，彬彬辈出焉。"②在这种情况下，宰相作为参政的士大夫中的最高权力所有者，自然就更为引人注目。而明代对于宰相制度的废除，正可以看作是对士大夫最高权力的剥夺。也正是如此，宋代那种士的政治主体意识也受到了损害。宋代士大夫的政治主体意识，集中表现在"以天下为己任"中，朱熹说："且如一个范文正公，自做秀才时便以天下为己任，无一事不理会过"，王安石也在《杨墨》中，以夫子自

---

① 程颢、程颐：《二程集》，中华书局 2004 年版，第 513 页。
② 叶梦得：《石林燕语》，中华书局 1984 年版，第 113 页。

道的语气说:"墨子者……方以天下为己任。"①可以说,"以天下为己任"是宋代士大夫的一个共同心态。这种以天下为己任的态度自然是儒家的传统,曾参说:"士不可以不弘毅,任重而道远。仁可以己任,不亦重乎? 死而后已,不亦远乎?"(《论语·泰伯》)是这种思想的最早的明确表达。然而,宋代士大夫之所以能如此集中而普遍地拥有这种意识,与宋代统治者对士大夫的优待分不开。宋太祖立国之初便有不杀大臣及言事官的祖训,这对大臣参政议政是一种鼓励。程颐在总结宋代超越前代的优点时说:"尝观自三代而后,本朝有超越古今者五事:如百年无内乱;四圣百年;受命之日,市不易肆;百年未尝诛杀大臣;至诚以待夷狄。"②正是因为上述种种原因,宋代才会出现范仲淹、王安石等权倾天下,能够按照自己的想法进行改革的士大夫。

反观明代对士大夫的态度,差距是很明显的。明太祖对于宰相制度的废除,在后人看来就是对士大夫以天下为己任的一种剥夺。黄宗羲认为,作为官员的士大夫本身就是治理天下的一员,在这一点上,士大夫和君的地位是一致的,之所以后来君的地位高于士大夫,乃是"后世君骄臣谄"的结果:"原夫作君之意,所以治天下也。天下不能一人而治,则设官以治之;是官者,分身之君也……后世君骄臣谄,天子之位始不列于卿、大夫、士之间。"③作为明之遗民,黄宗羲的这一论点乃是针对明太祖的废除宰相制度而发。不仅如此,甚至有学者认为明代废除宰相而尚能够延续其将近两百年的统治为"不可解":"倦勤者即权归奄寺,独断者又为一二权奸颜色、为威福而上不知。主德如此,何以尚能延此百六七十年之天下而不遽失,诚不可解也。"④从这一评论,

---

① 黎靖德编《朱子语类》,第 3087 页;王安石著:《临川文集》,吉林出版集团有限公司 2005 年版,第 582 页。
② 顾炎武:《日志录集释》上海古籍出版社 1985 年版;程颢、程颐著《二程集》,中华书局 1981 年版,第 530 页。
③ 黄宗羲:《明夷待访录》,中华书局 1981 年版,第 34 页。
④ 赵翼:《陔余丛考》,河北人民出版社 2003 年版,第 343—346 页。

我们可以看出两点:第一,由于皇帝的性格和勤政程度不同,废除宰相导致两种结果,要么皇权旁落至宦官之手,要么皇帝受到奸佞之遮蔽,无法实施其政治抱负;第二,废除宰相制度,虽然对士大夫影响很大,但是由于皇帝是中世纪的权力之源,他的天生优越性始终得到承认,因此即使是在严酷的政治环境中,很少有人会直接反对皇帝。只是在这种情况下,士大夫在政治上无法实现其传统的"治国平天下"抱负的情形下,对士人心态的影响是难以估量的。明太祖对士大夫的控制,绝不仅限于政治制度方面,还体现在对士大夫的滥用肉刑上。清人在修《明史》时注意到了这个问题,他们认为:"刑法有创之自明,不衷古制者,廷杖、东西厂、锦衣卫、镇抚司狱是也,""廷杖之刑,亦自太祖始矣。"①对士大夫施以肉刑的事例在明代俯拾皆是:洪武八年茹太素因陈时务,"言多忤触"而"杖于朝";十四年工部尚书薛祥则"坐累杖死"。同时,太祖制定的这一酷刑被其子孙所沿用:嘉靖初,致仕刑部尚书林俊言"古者挞人于朝,与众辱之而已,非必欲烂其体肤而致之死也。成化时,臣见廷杖三五臣……""而至正德时,逆瑾用事,始启去衣之端,酿有末年谏止南巡杖死之惨,幸遇新诏收恤,士气始回。"②可见,这种情况是越演越烈了。而且,从余纪登的一句"士气始回"可见这种当众侮辱的肉刑,所摧残的不仅仅是士大夫的身体,受打击更严重的是士大夫的心态。然而,是否可以认为朱元璋不再要谏官进行劝诫了呢?事实上并不是如此。朱元璋在废除宰相、集中皇权的同时,也认识到了监察机制在治理国家中的作用:"忠臣爱君,谠言为国。盖爱君者有过必谏,谏而不切者非忠也;为国者,遇事必言,言而不直者非忠也。"他曾在盛怒之下杀死谏官,可是又在谏官面前承认过错误。③ 既要求

---

① 张廷玉等:《明史》,中华书局1991年版,第3875页。
② 分见《明史》卷一三九本传、《明史》卷一三八本传;余继登:《典故纪闻》,中华书局1981年版,第30页。
③ 张廷玉等:《明史》,中华书局1991年版,第3875页。

谏官忠君直言,又要注意谏言中不能触及皇帝的痛处,当时的言官和臣僚可谓难矣。特别是在朱元璋性情残暴动辄杀人的情况下,出现"贵溪儒士夏伯启叔侄断指不仕,苏州人才姚润、王谟被征不至"就不足为奇了。至于这些人的遭遇则皆是"诛而籍其家"。

明成祖朱棣的登基方式在正统儒家看来自然是篡位,于是他在一开始就受到了很多正统士大夫的反对,也许这正是他对儒生的态度恶劣的原因之一。也正是在朱棣统治时期,顾炎武认为士风臣节开始发生变化:这当然要从方孝孺的遭遇开始说起。

方孝孺字希直,一字希古,宁海人。其父因"空印案"被杀,但是这并没有阻止其对"治国平天下"的追求。他自幼即"恒以明王道,致太平为己任"而且这种志向是经过长期的选择而形成的。① 正是因为这种志向,当建文帝即位之后诏行新政锐意复古的时候,方孝孺从中起了很大的作用;同时,要想复古离开儒家学者的理论支持和学术素养也是不可能完成的。这正是君臣相合的难得时机。诚然,后人对建文帝的一系列复古举措多不赞成,如清人批评道:"圣人之道,与时偕行,周去唐虞仅千年,《周礼》一书已全不用唐虞之法,明去周几三千年,势移事变,不知凡几,而乃与惠帝讲求六宫改制定礼。即使燕兵不起,其所设施,亦未必能致太平,正不必执讲学家门户之见,曲为之讳。"(《四库全书总目》卷一七〇,集部,别集类二三)。这种批评是没有错误的,只是建文帝的那种热情却是毋庸置疑的。而且历来儒家学者进行改革时,不是都要托古的吗? 王安石的"新学"就是显例。因此,建文帝的改革便得到了儒者的支持。也正是因为将建文帝视为千古一帝,因此方孝孺在面对朱棣时,是不会投降的。方孝孺的死是轰轰烈烈的,根据《明史·方孝孺传》的记载,成祖很想获得孝孺的支持:"先是,成祖发北京,姚广孝以孝孺为托,曰:'城下之日,彼必不降,幸勿杀之。

---

① 张廷玉等:《明史》,中华书局 1991 年版,第 3627 页。

杀孝孺，天下读书种子绝矣'……至是欲使草诏。诏至，悲恸声彻殿陛。成祖降榻劳曰：'先生毋自苦，予欲法周公辅成王耳。'孝孺曰：'成王安在？'成祖曰：'彼自焚死。'孝孺曰：'何不立成王之子？'成祖曰：'国赖长君。'孝孺曰：'何不立成王之弟？'成祖曰：'此朕家事。'顾左右授笔扎……成祖怒，命磔诸市。孝孺慨然死……。"在这里，孝孺所坚持的并不是改革与否，而是儒家传统的世及制度，因此他轰轰烈烈的死体现的是儒家士大夫的气节。然而这种气节的尴尬之处在于：方孝孺面对的不是外敌的入侵，而是皇室内部的争权夺利。当成祖说："此朕家事"时，真是振振有词。其实，不论是建文帝还是成祖在位，方孝孺都可以设法践行自己的政治理想。但是成祖以武力夺取政权打破正常继承制度的方式，却是儒家所不容的。因此，与其说方孝孺是为建文帝而死，不如说方孝孺是为儒家理想而献身。这种献身体现了一个传统士大夫的气节。刘宗周对这种意义有充分的认识："（方孝孺）既而时命不偶，遂以九死成就一个是，完天下万世之责。其扶持世教，信乎不愧千秋正学也。"①

　　对方孝孺之死，李贽有如下评价："一杀孝孺，则后来读书者遂无种也。无种则忠义人材岂复更生？"②可见，李贽也是认为杀孝孺伤害最大的是士人的气节。清人孙奇逢说："忆逊国时，文皇以叔代侄，势成于相激，而一时靖节之臣，死者死，遁者遁，不下数百人。逆闯犯顺、至尊龙驭，祸惨于黄巢，而殉义之臣不及殉国一二，岂前此尽忠良，而后此尽顽冥与？盖有所以作之也。逊国当高皇培植之日，人人思所以报高皇，况值国运初开，未经斫丧。嗣是而后，几番乱祸，几番摧折，人之云亡，邦国殄瘁。"③可见，朱棣一朝对士人心灵的伤害及其结果。然而，具有讽刺意味的是，朱棣在即位之后，竟然成为了程朱理学的积极

---

①　黄宗羲：《明儒学案》，中华书局 2008 年版，第 8 页。
②　李贽：《续藏书》，中华书局 1974 年版，第 265 页。
③　孙奇逢：《夏峰先生文集》，中华书局 2004 年版，第 299 页。

推动者。程朱理学绝不是成为统治者进行意识统治的工具。它要站在政权之外利用对道统的掌握对治统进行限制。同时,程朱理学更重视伦理纲常。他们提出天理,并视人间的种种秩序为天理在人间的流行,具有不可抗拒性。因此,朱棣这种夺取政权的方式,以程朱理学的观点来看自然不合"理"。然而,朱棣似乎没有意识到这一点,或者说他故意视而不见。毕竟在他看来,程朱理学只是利用的工具,只要有实用价值就足够了。无可否认,成祖对明代的制度建设居功至伟,他对程朱理学的推行也得到了部分学者的承认:"吾道正脉实由近世周程张朱有以倡明之也,至我太宗文皇帝,乃始表章其言行天下。由是,天下士习一归于正。"①然而后世对成祖的这些努力却颇有微词,如上引顾炎武所谓"自八股行而古学废,《大全》出而经说亡,十族诛而臣节变。洪武之间世道升降之一会矣"。顾炎武为什么会将"四书五经大全"与臣节联系到一起呢?其实原因很明显:那就是当时参与编订该书的大臣们完全理解朱棣将程朱理学作为统治工具的用意,因此绝没有进行真正意义上的学术考究,只是将前人著作撮抄到一起而已,试想如果成祖朱棣对待该书的态度像乾隆帝对待《四库全书》一样,时时检查、不断纠错,那么这些大臣如何敢如此敷衍塞责?也许正是皇帝对程朱理学的态度,态度影响到了一般士子明中前期的程朱理学几乎没有什么发展:"此亦一述朱,彼亦一述朱"而已。也正是因为如此,士子们对于程朱理学只是作为仕进的敲门砖,不会深究其中蕴含的道理,这恐怕也是士人气节转变的一个原因。这并不是说有明一代中前期的理学已经到了没落的地步。毕竟《明儒学案》收录的明中前期的学者都是程朱理学:比如吴与弼、胡居仁等,虽然他们对于程朱理学的学理并没有提出新的见解,没有在理气心性方面突破前人,但是在立身行事方面却可以成为时人的典范。可见,在野的学者掌握了程朱理

---

① 焦竑:《国朝献征录》,上海书店影印本 1987 年版,第 345 页。

学的修身之法,特别是"敬"之一字,他们虽然不一定能成为号召天下的大臣,但是却可以成为普通人的楷模。这也是"穷则独善其身"的表现吧。

然而,儒家学者似乎很难满足于独善其身的境界,当能够进入朝堂,实现其治国平天下理想时,他们很难抵抗这种诱惑。当成祖确定程朱理学作为仕进的标准时,儒家学者就看到了这种诱惑,并且积极响应,所谓:"至于永乐纪元,民庶且富,文教大兴。龙飞初科,取士倍蓰于前(前主要是指洪武朝),一时绩学馆阁试政方州者多其人。"①然而,成祖对士子的态度再一次打碎了这种梦想。焦竑在《玉堂丛语》中记载解缙的一生时说:"久之,事文皇帝入内阁,词笔敏捷,而意气疏阔,又性刚多忤……上书请凿章江水,便往来。上大怒征下狱,三载,命狱吏沃以烧酒,埋雪中死。"②解缙之死固然有其个人性格的原因,但是统治者决不允许士大夫超越其底线是毋庸置疑的。在解缙本传中,成祖曾经提出自己对君臣关系的要求:"若使进言者无所惧,听言者无所忤,天下何患不治。"③这种境界其实与历来的所谓直言进谏的要求并不一样,就要进言者注意进言的技巧。但是,真正能够直言进谏者,往往不会注意方式和方法;而懂得技巧者,往往又不会进言。这就导致了臣子往往将想法深埋于心,而选择朱棣喜欢听的话,从表面上满足皇帝的要求。左东岭教授曾经将永乐朝大臣的心态归结为"妾妇"心态,便深刻说明了当时儒臣那种战战兢兢,在君臣关系中那种很被动的心理。④ 如果我们想象王安石面对宋神宗时"声色俱厉"的情景,便不难感受到士大夫在明代所受到的压抑。在这种情况下,如何实现君臣一体、治国平天下,自然是难以预料的。

---

① 吴宽:《匏翁家藏集》(四部丛刊本),第 234 页。
② 焦竑:《玉堂丛语》,中华书局 1981 年版,第 256 页。
③ 张廷玉等:《解缙传》,《明史》卷一四七,中华书局 1991 年版,第 2360 页。
④ 左东岭:《王学与中晚明士人心态》,人民文学出版社 2000 年版,第 13-15 页。

明成祖对臣子的态度也影响到其子孙。除了成祖夺权之外,明代发生的另一个重大事件是"大礼议"。在此次事件中,明代君臣的关系,明代政治对士人心态的影响又得到了体现。我们可以再举一个例子,那就是韩邦奇案。韩邦奇是因为弹劾宦官而入狱的,在狱中时他从来不认为自己做的事情是错误的。因此,他在狱中所作诗就表达了对皇帝的不满。他虽然也没有忘记君恩,但是更多的是无奈和悲凉。更为关键的问题是,他在狱中遇到了很多和他一样没有过错而无辜入狱的士大夫,并且在狱中的交流使得他相信,保持儒家传统的直言进谏的做法,似乎已经不再适合当时的政治环境。因此,在出狱之后,韩邦奇变了,他认识到了权变在官场中的作用。于是,韩邦奇在为严嵩贺寿而作的《寿特进少师大学士严公七十序》中,对严嵩可谓极尽谄媚之能事。[①] 给严嵩贺寿也许是当时的一个普遍现象,然而反观韩邦奇前期地震之后论时政缺失和对宦官的弹劾,特别是学生杨爵对严嵩的切齿弹劾,就不难看出韩邦奇在经历了牢狱之灾后,是对自身的处境和当时的政治环境,特别是对自身是否能够继续那种直言进谏的方式进行了思考,而其思考的结果是不言而喻的。政治对高居庙堂士大夫的影响无非两种:第一是士大夫坚持自己的政治理想,在明代这种士大夫的结果往往是流放、入狱、解职甚至是被杀;第二种是韩邦奇那样改变自己的初衷,随波逐流。然而这种政治情势对尚未取得仕进的士子们潜在的心理影响更大。他们虽然尚未切身感受到这种政治压力,但是对于朝廷对官员的态度是有所耳闻的,因此可能在入仕之前就已经提前确定了自己的明哲保身之道。这里主要是指诸生。明代诸生质量之差,也是有目共睹的,这其中当然有当时社会文化与经济发展,各种诱惑成几何数增加的因素,但是政治上的出路更为艰难,恐怕也是诸生素质下降的一个重要原因。明政府对生员的限制也是自开国

---

① 韩邦奇:《苑洛集》(四库全书本),第 276 页。

就开始的。洪武十五年,颁禁例于天下学校,置于明伦堂之左,永远遵守。禁例十二条中有两条针对生员言事:"军民一切利病,并不许生员建言";同时也有对生员言事的规定"生员内有学优才赡,深明治体,果治何经精通透彻,年及三十愿出仕者",才可以出位言事,并且如果有真才实学,不待选举,即行录用。① 然而,在明代还是有生员因出位妄言而受到了惩罚。弘治十一年监生江瑢言:"刘健、李东阳杜绝言路,掩蔽聪明,妒贤嫉能,排抑异己,急宜斥退",结果,孝宗下瑢诏狱。嘉靖十二年,蒲州诸生秦镗"请奉皇考于太庙,又分祀四郊,损文宣王爵像",结果被"论死"。② 诸生的上书言事,固然有投机取巧,企图迎合皇帝而"不待选举",直登大用之意,但是,诸生对政治的参议也有出自儒家传统理想的因素,也不适宜一概不理甚至直接加罪。明代生员的数量庞大,很难获得出头之日,当侥幸进用的途径也被塞堵之后,其投机分子便铤而走险,或投"虏",或通"贼",甚至亲身起事。③ 由此可见,不论高居庙堂,还是沉于下僚,甚至尚未正式涉入仕途,都在政治的压力之下,明代政治格局中的君臣关系,实在没有给士大夫太多实现其理想的机会。

第二节 "君子思不出其位"

——王阳明对政治的态度及阳明心学的兴起

我们认为,对阳明心学的考察必须从其政治遭遇开始。从直观上看来,明代政治的残酷,自然以太祖一朝为最烈。然而,在对官吏的惩

---

① 申时行等:《明会典》,中华书局 1989 年版,第 452 页。
② 李乐:《见闻杂记》,上海古籍出版社 1986 年版,第 109 页;谈迁:《国榷》,中华书局 1988 年版,第 3478 页。
③ 谈迁:《国榷》,中华书局 1988 年版,第 3855 页。

罚方式上,似乎后来者更有越演越烈之势。太祖将历来的廷杖次数和频率发展到了极限,其后来的皇帝似乎认为仅是廷杖已无法满足其惩罚官吏的欲望,于是在正德元年,出现了脱衣受杖的酷刑。这一方式不但对身体的伤害增大,而且对于精神的侮辱也是显而易见的。很不幸,王阳明是第一个遭受这种刑罚的人。据王阳明《年谱》记载,正德元年二月,"是时,武宗初政,奄瑾窃柄。南京科道戴铣、薄彦徽等以谏忤旨,逮系诏狱。先生首抗疏救之……疏入,亦下诏狱。已而廷杖四十,既绝复苏。"①更有甚者,《明史》卷二一〇《叶经传》载:"经按山东监乡试。试录上,(严)嵩指发策语为诽谤,激帝怒。廷杖经八十,斥为民。创重,卒。"王阳明"既绝复苏",其惨可知;叶经创重而卒,对其他人心理造成的震惊更是难以估量。阳明的遭遇绝不是一时的兴致所至,而是自其接触到儒学之初便开始的。王阳明十一岁时问塾师说:"何为第一等事?"其师曰:"惟读书登第耳。"他疑惑地问:"登第恐未为第一等事,或读书学圣贤耳。"②可见,王阳明在少年时期便已经高出同时的士子不少。青年时期的王阳明更是为了"学圣贤"做了很多工作,比如在十五岁时出居庸关了解房情、观察地势与逐胡儿骑射;又于当年闻石和尚、刘千斤暴动上平乱方策,这些都是为以后王阳明平宸濠之乱做铺垫。但是,居官时的王阳明显然已经认识到了政治的严酷性和朝廷的压力。阳明友人李梦阳曾记述其在弘治时期弹劾寿宁侯的情形:"草具,袖而过边博士。会王主事守仁来。王遽目予袖而曰:'有物乎?有必谏草耳。'予为此即妻子未之知,不知王何从而疑之也。乃出其草视二子。王曰:'疏入必重祸。'"③可见,王阳明对官场的阴暗已经明察秋毫。只是他自身的那种立志成圣的观点始终没有磨灭,甚至在这一时期还是比较强烈的,因此他才会上书弹劾刘瑾。但是,从他

---

① 王守仁:《王阳明全集》,上海古籍出版社 1992 年版,第 1227 页。
② 同上。
③ 李梦阳:《空同先生集》,台湾伟文图书出版社 1976 年版,第 376 页。

的遭际却也可以看出，王阳明在其时还没有找到一种适合于当时政治的成圣之路。甚至可以说，这一时期的王阳明对自身尚有所怀疑。他曾在诗中写道："我才不救时，匡扶志空大。置我有无间，缓急非所赖。"①可见，找到合适的成圣之路，对王阳明来说是当务之急。这就不能不说到龙场顿悟。

龙场顿悟在学理上其实是对程朱理学的一种反动。王阳明在少年时期，心怀成圣之志，而当时他是认为程朱理学可以助其成圣，因此，他对程朱理学是衷心崇拜并努力践行的。《年谱》记载，王阳明曾经履行程朱的格物说，格竹致病②。这种结果对王阳明心理的直接影响就是他认为圣人真的很难学而致。当经历了政治上的跌宕起伏之后，王阳明所追求的圣人之境似乎发生了转变，这时候他更致力于如何解决政治失意甚至是政治迫害时那种心理的压抑和激愤。《年谱》载阳明于贬谪龙场之后，刘瑾依然对其不依不饶，但王阳明"自计得失荣辱皆能超脱，惟生死一念尚觉未化，……因念圣人处此更有何道，忽中夜大悟格物致知之旨，寤寐中若有人语之者，不觉呼跃，从者皆惊。始知圣人之道吾性自足，向之求理于事物者误也。"这就是著名的"龙场悟道"。从这段记述中可以看出两点：第一，王学的发生首先是因为王阳明处在一个险绝的环境中，他对这种环境的思考是其提出其学说的一个重要的助缘。这里面必然包含政治因素；第二，从所谓"向之求理于事物者误也"，可见王学的发展首先是对程朱理学的批判继承，对于"理"的追求始终是王阳明不懈的方向。而当这种在程朱看来是外在的"理"本来应该是人间社会秩序的保障和支持，但是在王阳明的时

---

① 《王阳明全集》，上海古籍出版社 1992 年版，第 2345 页。
② 第一次具年谱载发生在弘治五年壬子，但据陈来与余英时先生考证，事实在其十五六岁时（见陈来：《有无之境》，北京大学出版社 2006 年版，第 312 页；余英时：《宋明理学与政治文化》，广西师范大学出版社 2006 年版，第 57 页）。第二次发生在弘治十一年戊午，见《王阳明全集》卷三三《年谱》，上海古籍出版社 1992 年版，第 1224 页。

代,这种外在的"理"已经无法保证其正常运行,皇帝昏庸和奸佞当道无法保证理的流行,甚至当他们运用政治手段滥用"理"的时候,这种理已经成为成圣的阻碍。因此,王阳明在这里认识到"圣人之道吾性自足",这样就将外在的理夺还于个人的自心。皇帝和奸佞可以伤害其肢体,但是却无法去除其对"理"的坚持。这种坚持可能造成两种结果:第一,在政治上即使遭受到打击,但仍然坚持自己的主张,并且对这种打击甘之如饴、不怨不艾。这样使遭受打击者始终保持内心的平和,缓解其激愤;第二,在人生态度上,这种想法鼓励了个性的增强和个人主体意识的提高。当王阳明将理归于内心的同时即将是非的标准归于个人自心。王阳明曾经提出:"夫学贵得之于心。求之于心而非也,虽其言出之于孔子,不敢以为是也;而况未及孔子者乎!"①后来李贽的不以孔子之是非为是非,正可从中找到源头。

龙场悟道的意义还不止于此,这场悟道使王阳明从气节之士而具有圣人气象。罗洪先在追述这个对中国理学史具有重大意义的时刻时说:"先生以豪杰之才,振迅雄伟,脱屣于故常。于是一变而为文章,再变而为气节。当其倡言于逆瑾蛊政之时,挞之朝而不悔,其忧思恳款,意气激烈,议论铿訇,真足以凌驾一时而托名后世,岂不快哉! 及其……情迫于中,忘之而不能;势限于外,去之而不可。辗转烦鹜,以须动忍之益。……至是而后如大梦之醒,强者柔,浮者实,凡平日所挟以自快者,不惟不可以常恃,而实足以增吾之机械,盗吾之聪明。其块然而生,块然而死,与我独存而未始加损者,则固有之良知也。"②可见,在龙场顿悟之前,王阳明主要是以气节之士为人所知。气节在当时固然是令人钦佩的品格,但是气节刚而易折,而且气节只有在获得外在承认时,才能够体现自身价值。上引李梦阳也是气节之士,但是在遭受到打击之后他没有走出困境,选择了中国文人排解苦恼的常用手

---

① 王守仁:《王阳明全集》,上海古籍出版社 1992 年版,第 75 页。
② 同上书,第 1227 页。

段——呼酒买醉。并且,李梦阳的选择在当时并不是空谷足音,与其同时期的康海、徐祯卿等选择了与李梦阳相似的道路①。但是呼酒买醉只是对激愤心情的发泄和对现实的逃避,借酒消愁愁更愁,这既不是心理解救的良方,也不是回应现实的手段。进一步来看,这种方式的"解脱"也并不适合立志成圣的王阳明。我们可以认为王阳明龙场悟道是完成其成就圣贤的第一步,只是这一步却有其不得已的一面,那就是对外在权威的否定。儒家传统一直是或者说试图和统治阶级结合的,这在儒家产生的时代就已经决定了。孔孟周游列国就是试图寻找到能够接纳他们学说的君主,这在春秋战国时期是普遍现象。孟子"三宿而后出昼"可见儒家学者对这种权力肯定的急切(《孟子·公孙丑下》第十一章)。然而,在王阳明的时代,虽然儒家已经获得了政权的肯定,但这种肯定并不是完全的、无条件的,统治者只是利用儒家学说中对国家进行思想控制,这从明太祖删除《孟子》原文即可窥见一斑。特别是皇帝对儒家学说可以完全不顾,任意妄为。在这种情况下,还试图获得外在权威的确认是不明智的。王阳明的龙场悟道强调:"吾性自足,"也可以从这方面得到理解。外在权威既然无法依赖,呼酒买醉又无法满足自己的志向,而儒家治国平天下的理想又始终挥之不去,那么只有直接作用于民这一条路了。于是就有了余英时先生所谓的从程朱理学的"得君行道"至王阳明的"觉民行道"的转变。②

如上所述,王阳明自幼接受了正统的儒家教育,在当时也就是程朱理学的教育,而程朱理学即代表着对外在权威的肯定。宋代理学至朱子而集大成,虽然朱子学说在其生前并没有获得官方的认可,但在其后,由于他的弟子和后学的推动终于获得了正统思想的地位。元仁宗皇庆二年(1313年),朱注《四书》正式被悬为功令科目,遂为士子所诵习;明永乐十五年(1417年),颁行《四书大全》,取朱说为准则而诸家

---

① 左东岭:《王学与中晚明士人心态》,商务印书馆 2000 年版,第 126—128 页。
② 余英时:《宋明理学与政治文化》,广西师范大学出版社 2006 年版,第 36—57 页。

之说尽废。这样,朱子积平生之力所为之注释,原为昌明圣学,至是沦为弋取功名富贵之器。这种情况加上朱子学说自身的博大精深,使得朱说在明初产生了风靡天下的效应,也就是黄宗羲所谓的"此亦一述朱,彼亦一述朱耳"。[1] 但应该指出的是,这种统一虽然有利于官方对意识形态的统治,但并不利于一种学说的发展,因为这种通过法令制度规定的统一必然造成僵化。顾炎武认为当时科举的弊端造成:"人才日至于消耗,学术日至于荒陋,而五帝三王以来之天下将不知其所终矣"[2]的局面。

这种情况的出现和朱学理论本身也是有一定的关系的。如现代学者所指出的那样,程朱理学家们,特别是朱熹特标"道体""道统"的目的在于以"道体""道统"为依据展开对现实政治的批判。如余英时先生认为:"以'道统'而言,朱熹之所以全力构建一个'内圣外王'合一的上古之'统',正是为后世儒家(包括他自己在内——笔者注)批判君权提供精神的凭借。……再就道学而言,他之所以强调孔子'继往圣,开来学'也首先着眼于治天下这件大事……总之,《中庸序》和《答陈同甫》的共同基调是用'道'来范围'势',包括积极的和消极的两方面:消极的方面是持'道'来批'势',积极的方面是引'势'入'道'。"[3]朱熹在《中庸章句序》中说:"盖自上古圣神继天立极,而道统之传有自来矣。"然后列举尧舜禹道统之相传。[4] 这是说在上古时"道统"和"治统"是合一的,都掌握在上位者的手中。而后世统治者失去了道统,而在《答陈同甫》第八书中朱熹又说道:"道只是这个道,岂有三代、汉、唐之别?但以儒者之学不传,而尧、舜、禹、汤、文、武以来转相授受之法不明于天下。……此其所以尧、舜、三代自尧、舜、三代,汉祖、唐宗自汉祖、唐

---

① 黄宗羲:《明儒学案》,浙江古籍出版社 2005 年版,第 197 页。
② 顾炎武著,黄龙成集释:《日知录集释》,上海古籍出版社 1992 年版,第 471 页。
③ 余英时:《朱熹的历史世界》,三联书店 2004 年版,第 23 页。
④ 朱熹:《四书章句集注》,中华书局 2005 年版,第 14 页。

宗终不能合而为一也。"①这是说三代以下"道统""治统"分离,只有掌握了儒学的士大夫才真正掌握了"道统",从而拥有了批判"治统"的权力。

朱熹的这种看法,原意是为儒者"以天下为己任"的情怀和实践提供理论基础,但这种理论本身就包含了一种危险。在我国古代社会,士大夫们想要有所作为,最重要的是得到皇帝的支持。依据朱熹的说法,皇帝并没有掌握道统。但是如果有皇帝宣称自身已经做到了"治道合一"并用制度和法律的形式加以确认和保护的话,程朱理学的学者们又还有什么依据再对现实政治做出自己的批判呢? 毕竟儒者并不具备更多对抗王权的能力。这种情况虽然在朱熹所处的时代并没有发生,但在某种意义上我们可以说,它在王阳明的时代发生了。

明太祖朱元璋对待儒生的方式甚至还不如早期的刘邦,更不能和宋朝的任何一位皇帝相提并论。即位之初,他便征召士大夫,并杀戮了一批不愿为其所用者,又设置了"寰中士大夫不为君用科"②。这表明朱元璋并不是诚心要与士大夫共治天下,而仅仅只是想要以儒学作为自己统治的工具。并且他对儒学这种态度似乎也影响到了他的后继者。如永乐中编定的《四书大全》与《五经大全》,虽"所费于国家不知凡几",但其内容却是"仅取已成之书抄誊一过……经学之废,实自此始"③,多数研习程朱之学的人,只是将其作为谋取利禄的"敲门砖"④,这就是当时官方程朱理学的基本状态。虽然在表面上对程朱还是很尊敬的,⑤但明初的理学大师已经没有了宋代理学家以"天下为己任"的心态,他们多隐伏民间、拒绝出仕,例如吴与弼、薛瑄直到陈献章

---

① 朱熹:《朱文公文集》,台湾商务印书馆影印四部丛刊本,第 980 页。
② 张廷玉等:《明史》,中华书局 1991 年版,第 2756 页。
③ 顾炎武:《日知录》,上海古籍出版社 1992 年版,第 590 页。
④ 《陈确集》,中华书局 1979 年版,第 66 页。
⑤ 如永乐间朱季友献书专诋程朱,"命礼部焚其书,罪斥之"。见吴长庚主编:《朱陆学术考辨五种》,江西高校出版社 2000 年版,第 272 页。

等都是如此。这说明这些学者已经对明代统治者对理学的态度有了明确的了解，他们认识到在当时的情况下，想要重现宋代君臣共商国事的局面已经是不可能的了。

这甚至导致一些本来崇信程朱理学的学者转向了陆学，例如编纂《道一编》的程敏政。程氏起初是程朱的信徒，他说："性学既微，六经晦者千余年，至宋两程夫子始得圣学于遗经，紫阳朱夫子寔嗣其传。"[①]又说："自尧舜以至孔孟，又至于周子，穷性理之原，究心学之妙，而归宿一敬。程子发之，朱子发之。实有功于圣门，固大有惠于来学。"[②]然而这种态度却在之后发生了转变："其在宋末元盛之时，学者六经四书纂订编缀，曰集义、曰附录、曰纂疏、曰集成、曰讲义、曰通考、曰发明、曰纪闻、曰管窥、曰辑释、曰章图、曰音考、曰口义、曰通旨，梦起蝟兴，不可数计。六经注脚，抑又倍之，东山赵君谓进来前辈著述殆类夫借仆铺面，张君锦绣者，如欲以是而为朱子之传，咎陆氏于既往，不亦过乎。"[③]在此程氏主要指出了朱学末流字分句解的弊病，这种弊病正是朱学在明代僵化的表现之一。程敏政没有胆量公开批评官方朱学的弊端，也没有王阳明的大力量自创一种学说起而代之，于是他便乞灵于前人早已议论纷纷的"朱陆异同"之论，引朱入陆，鼓吹朱陆早异晚同之说。诚如钱穆先生指出的那样，"至如篁墩（即程敏政），其早年之尊朱，亦鸩玩于文字典籍而已，固未知所谓尊德性工夫，则其谓朱子晚年乃始深悔痛艾，转依象山正路，岂亦篁墩之自道其内心乎?"[④]虽然这样，但是篁墩调和朱陆的《道一编》却在当时引起了很大的反响："按：闽台间称《道一编》有功于朱陆，为之翻刻，以广传矣。近来各省试录，有策问朱陆者，皆全据《道一编》以答矣。近日缙绅有著学则，著

---

① 程敏政：《皇墩集》（四库全书本），第 235 页。
② 同上书，第 323 页。
③ 同上书，第 453 页。
④ 钱穆：《中国学术思想史论丛》，安徽教育出版社 2004 年版，第 43 页。

《讲学录序》《中庸管窥》，无非尊朱同陆，群然一辞矣。……古云：'难以将一人手，掩得天下耳目'，今篁墩分明是以一人手而掩天下之目矣。"①可见程敏政的这种思想代表了当时的一种潮流。这也是王阳明心学兴起的一个重要的社会因素。

选择程敏政作为例子的另一个原因是，王阳明和程敏政一样，也是经历了一个从尊信朱子到背离朱子的过程。王阳明学凡三变，青年时代如当时所有的年轻人一样专心于制艺，并且亲身实践朱熹的格物致知说，这就是著名的"格竹致病"，而且因穷究朱熹学说而致病的事情发生了两次。② 这两次的致病使王阳明对朱子的格物致知的理论产生强烈的怀疑。龙场一悟，阳明终于在自己的人生道路迈出了最关键的一步，从此他的学说脱离了朱学的束缚转而更接近于陆九渊了。

王阳明的龙场一悟使宋明理学的走向发生了很大程度的转变，那就是余英时先生所总结的由"得君行道"转入"觉民行道"③。然而事实上王阳明的心性论、格物论等都与朱熹不同，这使得熟悉了朱子学说的学者们很难立刻接受他的学说，即使是他的弟子徐爱初闻他的学说时也是"始而骇，继而疑，已而殚精竭虑"④。虽然王阳明的学说是面向全体大众的，但士大夫阶层肯定也是他所看重的。于是王阳明必须找到一个能够让士大夫接受的方式来宣传自己的学说，这便有了《朱子晚年定论》的编纂。

《朱子晚年定论》作于正德乙亥(1515)，本书之作的起因是当王阳明把自己在龙场顿悟后的学说介绍给别人时，遭到非议，为了消除这

---

① 吴长庚主编：《朱陆学术考辨五种》，江西高校出版社 2000 年版，第 139 页。
② 第一次具年谱载发生在弘治五年壬子，但据陈来与余英时先生考证，事实在其十五六岁时。(见陈来：《有无之境》，北京大学出版社 2006 年版，第 312 页，及余英时：《宋明理学与政治文化》，广西师范大学出版社 2006 年版，第 57 页)；第二次发生在弘治十一年戊午。见《王阳明全集》卷三三《年谱》，上海古籍出版社 1992 年版，第1224 页。
③ 余英时：《宋明理学与政治文化》，广西师范大学出版社 2006 年版，第 36—56 页。
④ 《王阳明全集》，上海古籍出版社 1992 年版，第 1 页。

些非议而编纂此书,自序载之甚详,摘录如下:

> 阳明子序曰:洙、泗之传,至孟氏而息,千五百余年,濂溪、明道始复追寻其余绪;自后辨析日详,然亦日就支离决裂,旋复淹晦。……其后谪官龙场,居夷处困,动心忍性之余,恍若有悟,体验探求,再更寒暑,证诸五经四子,沛然若绝江河而放诸海也。然后叹圣人之道坦如大路,而世之儒者妄开窦径,蹈荆棘,坠坑堑,究其为说,反出二氏之下。……间尝以语同志,而闻者竞相非议,目以为立异好奇;虽每痛反深抑,务自搜剔斑瑕,而愈益精明的确,洞然无复可疑;独于朱子之说有相抵牾,恒疚于心,切疑朱子之贤,而岂其于此尚有未察?及官留都,复取朱子之书而检求之,然后知其晚岁固已大悟旧说之非,痛悔极艾,至以为自诳诳人之罪,不可胜赎。……予既自幸岂说之不谬于朱子,又喜朱子先得我心之同,然且慨夫世之学者徒守朱子中年未定之说,而不复知求其晚岁既悟之论,兢相呶呶,以乱正学,不自知其已入于异端;辄采录而裒集之,私以示夫同志,庶几无疑于吾说,而圣学之明可冀矣。①

从这篇序言中,我们至少应该注意到两个问题:第一,王阳明在这篇序言中并没有提到"朱陆异同",而且从王阳明平日的言论中我们也可以看到,阳明对这个问题的争论似乎也并不热心。如他在《启问道通书》中说:"来书云:'今之为朱陆之辨者尚未已,每对朋友,言正学不明已久,且不须枉费心力为朱陆争是非;只依先生立志二字点化人,若其人果能辨得此志来,决意要知此学,已是大段明白了,朱陆虽不辨,彼自能觉得。……昔在朱陆二先生所以遗后世纷纷之议者,亦是二先

---

① 《王阳明全集》,上海古籍出版社1992年版,第127—128页。

生工夫有未纯熟,分明亦有动气之病,若明道则无此矣.'(王阳明答曰)此节议论得极是,愿道通遍以告于同志,各自且论自己是非,莫论朱陆是非也。"①又《年谱》正德四年己巳载:"是年先生始论知行合一。始席元山书提督学政,问朱陆异同之辨。先生不语朱陆异同而告之以所悟。书怀疑而去。明日复来,举知行本体证之五经诸子,渐有省。往复数四,豁然大悟,谓:'圣人之学复睹于今日;朱陆之学,各有得失,无事辨诘,求之吾,惟本自明。'"②第一则材料告诉我们,王阳明之所以不愿意汲汲于朱陆异同之辨,是因为他认为朱陆二人的学说各有弊病;第二则材料告诉我们,他在努力推广自己的新心学,因此对于朱陆异同不是那么重视。因此,《朱子晚年定论》之作的目的并不是像后来的陈建等人认为的那样是为了"牵朱入陆";第二,王阳明在这篇序文中着重强调的是他自身对朱学的思考和斗争。他作《朱子晚年定论》的直接原因是回应时人对他的批评,这种批评主要是针对他与朱学的不同。王阳明龙场一悟后,其学说转与陆九渊相近,陆九渊在当时最大的敌人就是朱熹。在王阳明的时代,朱学依然占据着主流思想的地位,虽然当时已经出现了厌弃朱学的倾向③,但崇信朱学者大有人在,以至于阳明另立新说而与朱子相抵牾时,就有了"攻之者环四面"的结果④。为了回应这些批评,阳明才"今但取朱子所自言者表章之,不加一辞,虽有偏心,将无所施其怒矣。"⑤

其实,阳明对朱学的不满主要是产生于龙场一悟之后。虽然黄宗羲在《明儒学案》中记载:"先生之学……继而遍读考亭之书,循序格

---

① 《王阳明全集》,上海古籍出版社 1992 年版,第 60 页。
② 同上书,第 1229 页。
③ 如上文所论述之程敏政及开阳明之先的陈献章,顾炎武谓:"盖自弘治、正德之际,天下之士厌常喜新,风气之变以有所自来"《日知录集释》卷一八"朱子晚年定论"条,上海古籍出版社 1992 年版。
④ 《王阳明全集》,上海古籍出版社 1992 年版,第 173 页。
⑤ 同上书,第 173 页。

物,顾物理吾心终判为二,无所得入。"①但同样是记载阳明学凡三变的过程,阳明入门弟子钱德洪的记载却没有涉及阳明对朱子的不满。他说:"先生之学凡三变……少之时驰骋于辞章,已而出入二氏,继乃居夷处困,豁然有得于圣贤之旨,是三变而至道也。"②根据上引阳明两次格竹致病事,可证阳明在研习辞章之学和出入二氏之间,确实是有一段时间潜心于朱子学说,但根据年谱记载,阳明在第二次生病后,"益委圣贤有份"③,并没有表示许多对朱子的不满,而上引钱德洪叙述其师学凡三变时,也没有涉及阳明对朱子的不满。反观《朱子晚年定论》序,在龙场一悟后,在对自己的学说洞然无疑后,阳明发现自己的学说与考亭学说有不同。这时,阳明才再研读朱子书,从朱子学说中寻找有利于自己的说法。能证明自己的学说与朱子学说相同或相近,那么士大夫就比较容易接受了。刘宗周并没有像其他学者那样,认为《朱子晚年定论》是重翻朱陆异同的旧案,他看出了王阳明是为了自身学说而作此书,他说:"天理人欲四字,是朱王印合处,奚必晚年定论。"④

《朱子晚年定论》共选录朱子书信三十封,其内容主要在以下几个方面:第一,指出朱子晚年的悔悟。如阳明所引用的《答黄直卿书》:"此是向来定本之误。今幸得见,却烦勇革";《答何叔京》:"乃知日前自诳诳人之罪,不可胜赎。"又《答吕子约》《答张敬夫》等均属这种类型。第二,涉及心、性问题而与王学相近的。如《答潘书度》:"瞑目静心,却得收拾放心";《答窦文卿》:"为学之要,只在着实探存,密切体认,自己身上理会。"又《答梁书文》《答何叔景》第三书等都是涉及这个问题。第三,也是数量较多的,是关于阳明所谓的"知行合一"的问题。如《答吕子约》:"涵养本原而察于天理人欲之判,此是日用动静之间,

---

① 《黄宗羲全集》,浙江古籍出版社 2005 年版,第 201 页。
② 《王阳明全集》,上海古籍出版社 1992 年版,第 1 页。
③ 同上书,第 1224 页。
④ 《黄宗羲全集》,浙江古籍出版社 2005 年版,第 201 页。

不可顷刻间断的事";《答吴茂实》:"进来自觉向时工夫,止是讲论文义,以为积集义理,久当自有得力处,却于日用功夫全少检点。"又《答潘叔恭》《答刘子澄》《答吴德夫》等取的都是这个意思①。《朱子晚年定论》之作诚如罗钦顺所批评的,所谓"晚年"并没有划定具体的时间,又在年月的考订上犯了错误②。但我们从王阳明给罗钦顺的答书中能够看出阳明着眼点并不在此:"其为《朱子晚年定论》盖亦不得已而然。中间年岁早晚诚有所未考,虽不尽出于晚年,固多出于晚年者矣。然大意在委曲调停以明此学为重。平生于朱子之说如神明蓍龟,一旦与之背驰,心诚有所未忍,故不得已为此。……盖不忍抵牾朱子者,其本心也;不得已而与之抵牾者,道固如是;不直则道不见也。执事所谓决于朱子异者,仆敢自欺其心哉?夫道,天下之公道也;学,天下之公学也,非朱子可得而私也,非孔子可得而私也。"③可见王阳明此书之作在于"委曲调停"以明自身之学说,其本意并不在替朱陆争是非,而在于给自己学说的传播减少阻力。在这里还有一条佐证:"留都时偶因饶舌,遂致多口,攻之者环四面。取朱子晚年悔悟之说,集为《定论》,聊以解纷耳。门人辈近刻之雩都,初闻甚不喜,然士大夫见之,乃遂有开发者,无意中得此一助,亦颇省颊舌之劳。"④

　　同时从阳明所谓的"夫道,天下之公道也;学,天下之公学也,非朱子可得而私也,非孔子可得而私也"中可以看出,他所致力的是自身学术的建立与传播,而不是对前人学说的沿袭和辨别。这种态度在阳明

---

① 上引诸书均见《王阳明文集》,上海古籍出版社1992年版,第127至143页。
② "第不知所谓晚年者断以何年为定?偶考得何叔京卒于淳熙乙未,时朱子年方四十有六,后两年丁酉而论孟集注或文始成。今有取于答何叔者四通,以为晚年定论;至于集注或问则以为中年未定之说。窃恐考之欠详而立论太果也"。转引自《日知录集释》卷一八"朱子晚年定论"条,上海古籍出版社1985年版。
③ 《王阳明全集》,上海古籍出版社1992年版,第78页。
④ 《王阳明全集》,上海古籍出版社1992年版,第173页。

的其他言论中也得到反映。① 同时,《朱子晚年定论》与《古本大学》同刻于正德十三年②,《古本大学》是阳明格物说的理论依据,而阳明的格物说引起的争议最多。两书并刻,可以收到一破一立相辅而行的效果。

王阳明心学的传播在明代中后期获得了巨大的成功,在民间,王学的势力已经压过了朱学。然而,王学的兴盛虽得力于其学说的平民性格,但是这种平民性格也导致了王学超越性的丧失:"心性之学,吾辈亦当理会。盖本源之地,理会的明白,则应事方有分晓。然亦只是自家理会,间有所得,则札记以贻同志可也。岂有创立门户,招无赖之徒,数百为群,亡弃本业,竞事空谈?始于一方则一方若狂;既而一国效之,则一国如狂;至于天下慕而效之,则天下如狂。正所谓处士横议,惑世诬民。即孔子所诛少正卯,所谓言辩而伪行僻而坚者,正此类也。其何以容于圣世哉!"③可见,王学在迅速发展之后,难以保障道德标准的延续。

王学之所以能够在当时社会中具有广大的普遍性,其传播的方式可谓功不可没,我们认为王学在民间的主要传播方式为讲学。王门讲学可谓遍天下,在王阳明龙场顿悟之初,便开始了其讲学活动。阳明之有门人,始于弘治十八年,正式讲学则在贵阳书院讲知行合一开始。此后王阳明的讲学活动就没有断过,即使在戎马倥偬之间,也不忘与弟子门人讲论探讨。其弟子的讲学也是如此,如王畿年至八十仍四方讲学不辍。罗洪先记述其参加青原之会时说:"四方及同郡之士先后至者百六十人,僧舍不能容。每日升堂,诸君发明良知于意见之害,退

---

① 如《答甘泉》:"此心同,此理同,苟之用力于此,虽百虑殊途,同归一致。……正以志向既同,如两人同适京都,虽所由之途间有迂直,知其异日之归终同耳"。《王阳明全集》,上海古籍出版社 1992 年版,第 173 页、第 208 页。
② 《王阳明全集》,上海古籍出版社 1992 年版,第 1253 页。
③ 何良俊:《四友斋丛说》,中华书局 1983 年版,第 31—32 页。

则各就寝所商榷，俱夜分乃罢。"①只是从念庵所谓"四方及同郡之士"来看，这种讲会其实多还是以士大夫为主要对象，这其中即使有平民，但不会很多。王门后学中，真正能够吸引下层平民的应是泰州学派。这也是黄宗羲在《明儒学案·泰州学案》中认为阳明之学由泰州龙溪而风行天下的一个原因。泰州学派学生颜均说："指胃教者听命如向，领春魁者如是其殷，陈院勋臣以及闾巷庶人之子弟，倚门耸耳，有不可以数千万纪。"②所谓"闾巷庶人之子弟"即平民子弟，从中可见王学讲学对平民的吸引力之大。宋代也有讲学，比如著名的陆九渊在白鹿洞书院的"君子小人之辩"，但是这种讲学以士子为对象，其讲学的内容也是以传统儒家义理为主，这主要是宋学与王学对象不同所致。同时，王门讲学也主要提倡个体的精神、个人良知的自足，而对纲常伦理、道德约束的强调不足。以罗汝芳初见颜山农为例，近溪在未接触王学之前主要是研习程朱理学，但是他一直困惑于程朱理学的心与理的二分，过分地压制欲望，以致成病；在颜山农的开导下才认识到吾性自足，体仁非制欲。《明儒学案》载："先生自述其不动心于生死之故，山农曰：'是制欲，非体仁也。'先生曰：'克去己私，复还天理，非制欲安能体仁？'山农曰：'子不观孟子之论四端乎？知皆扩而充之，若火之始燃泉之始达，如此体仁，何等直截！故子患当下日用而不知，勿妄疑天性生生之或息也。'先生时如大梦得醒，明日五鼓，即往纳拜称弟子，尽受其学。"③值得注意的是，罗近溪受病之初，正是由于其践行薛瑄的"万起万灭之私，乱吾心久矣。今当一切决去，以全吾澄然湛然之体。"也就是程朱谆谆强调的"存天理灭人欲"、天理与人欲的交战。其实，程朱的天理人欲不能仅仅从字面上理解，不能认为程朱认为人的一切欲望都是天理的对立，正如他们的格物致知并不是要求格竹子而获得

---

① 《罗洪先集》，凤凰出版社 2007 年版，第 74 页。
② 《颜均集》，中国社会科学出版社 1996 年版，第 77—78 页。
③ 黄宗羲：《明儒学案》，中华书局 2008 年版，第 2 页。

天理一样。他们强调的天理更多的是一种宇宙秩序在人间社会的流行,这种秩序的流行,更多的是纲常伦理。当他们的学说被统治阶级利用的时候,这种纲常伦理便成为对人的一种束缚。特别是程朱认为,是"如有物焉,得于天而具于心",是外在的,《朱子语类》载:"问:'有是理而后有是气。未有人时,此理安在?'曰:'也只是这里。如一海水,或得之一勺,或得之一担,或得之一碗,都是这海水。但是他为主,我为客;他较长,我得之不久耳。'"①可见,程朱看来,要想真正达到理"具于心",还要费一转手。对于这一转手的方式,程朱理学也进行了论证,其中重要的一个方面就是存理灭欲,只有人欲净尽,才可以身心合于天理,而要想人欲净尽,却不是人人可以做到的。也正是这种对心与理的结合要求太高,使得很多学者觉得难以达到。罗汝芳为了实现心理合一,曾置水镜几上,对之默坐,使心与水镜无二,并因此病心火。这不能不让人想起王阳明的格竹致病:都是践行程朱的教导结果都无功而返,而且对程朱理学都产生了动摇。这里不但看出社会变化对人的诱惑,也可以看出时人对程朱理学的体验和领悟已偏离了原本的程朱理学。颜山农开导罗近溪用的正是良知自足的说法,自此而后,罗汝芳心火之病不治而愈,并且对王学一往情深。

然而,王学虽然解决了程朱将心与理分割的弊病,但是其对人心的强调却又出现了弊端。王阳明强调良知的当下性和自足性,所谓:"某近日来却见得'良知'两字益真切简易。朝夕与朋辈讲习,只是发挥此两字不出。缘此两字,人人所自有,故虽至愚下品,一提便省览。"②可见,阳明认为良知是本有的,不依赖于外在赋予,关键在于主体的自觉把握,因此,阳明强调"致良知",认为只有将良知推行于事事物物,即将良知作用于人与事,才能把握良知,将本体良知变成自觉良知。同时,王阳明重视"欲"与"习"对良知的遮蔽,他认为:"君子之学

---

① 黎靖德编:《朱子语类》,中华书局 1986 年版,第 2 页。
② 《王阳明全集》,上海古籍出版社 1992 年版,第 204 页。

以明其心。其心本无昧也,而欲为之蔽,习为之害。"①这才是王学的正路。然而,到了王畿那里已经过分提高了本体良知,认为只要认识到了本体良知的存在,则已经把握了自觉良知。王畿认为:"良知原是无中生有,……虚寂原是良知之体,明觉原是良知之用。体用一源,显微无间。"②对良知天赋性的过分强调就不免视工夫为多余,阳明言其良知之说乃是从百死千难中得来,而其后来的学者却将良知看得太易、将"致"字看得太轻③。于是,便出现了现成良知说和对现成良知的批评,甚至出现了罗洪先、聂豹等对良知本体的怀疑。如果说这些怀疑和批评还是在学理内部的话,那么,由于王学的不依赖外在权威、自信其心而不尊朝廷设立的如孔孟程朱等偶像,过于强调自主性,则更为统治阶级所不容(民间对王学的批评)。

程朱理学适合统治者的原因在于,程朱理学强调自上而下地将人的行为囊括到封建的伦理纲常中,在这个体系中个人必须服从群体、服从公共道德。而王学则更重视个人意志,特别是发展到颜山农、何心隐,则非"明教所能笼络"。顾炎武甚至认为李贽乃名教第一罪人。可见,当王学发展到晚明时,其对于伦理纲常的冲击成为士大夫关注的焦点。也许正是因为如此,朝廷对王学的态度便可想见。嘉靖皇帝从来就不喜欢王学,嘉靖十七年,他下诏:"士大夫学术不正,邪伪乱真,以致人才毕下,文章政事日趋诡异(背于传统),而圣贤大学之道不明,关系治理,是非细故。朕历览近代诸儒,惟朱熹之学醇正可师。比年各处试录文字,往往诡诞支离,背戾经旨。……今后若有创为异说,诡道背理,非毁朱子者,许科道官指名劾奏。"④此所谓"诡诞支离"者,即是指王学及王学弟子进行的学术探讨。嘉靖四十三年刑科给事中

---

① 《王阳明全集》,上海古籍出版社 1992 年版,第 233 页。
② 《王畿集》,凤凰出版社 2007 年版,第 38 页。
③ 《王阳明全集》,上海古籍出版社 1992 年版,第 178 页。
④ 陈经邦:《明世宗实录》,"中央研究院"历史语言研究所 1962 年版,第 4485 页。

张岳陈便宜六事，其二即是反对讲学："今将学家以功名富贵为鼓舞人心之术，……然后剿窃浮词，谈虚论寂，相饰以智，相轧以势，相尚以艺能，相邀以声誉。……今群工百执事各有司存，既非奠赟于师弟，又非结契于朋齐，岂宜群萃州处，什五成群以惑众听！"①此主要指出王门后学的两个弊病：第一是参加讲会者目的不纯，他们不是为了提高学术素养而是为了结成声气，以在官场上获取功名富贵；第二是谈空说寂，不切实用。而最后一句话更指出这些讲会是国家和地方社会的不安定因素。其实，对于王学讲会的弊端，王门中人也有感受，欧阳德的学生薛应旂言："近来群聚讲学之士在有之，求其真实，直截一剑两段劈去私欲，一从天理做工夫者，盖不多见。吾恐讲来讲去，打成一片人欲窠子。将来人心日坏，世道日卑，未必不自吾辈贻之。是则深可忧也。"②从中我们不难看出，为什么张居正在掌握了大权之后终于下决心要禁止讲学。万历八年，张居正严令拆毁天下书院，禁止讲学，实行思想统一。这自然与王学将是非标准归于人心，冲击了封建偶像和权威有关，但是王学本身的弊病却也是其遭到禁止的一个原因。然而，王门讲学的影响却没有就此而息，清代讲学本身成为厉禁，然而，李二曲言："立人达人，全在讲学；移风易俗，全在讲学；拨乱反治，全在讲学；扭转乾坤，全在讲学。在上为德，在下为民，莫不由此。此生人之命脉，宇宙之元气，不可一日息焉者也。息则元气索而生机滴矣。"③直至清末，变法运动兴起，讲学运动才又获得复苏。康有为言："孔子曰：'学之不讲，是吾忧也。'陆子曰：'学者一人抵挡流俗不去。'故曾子谓以文会友，以友辅贫，朋友讲习磨砺激发，不可寡矣。顾亭林鉴晚明讲学之弊，乃曰：'近日只当著书，不当讲学。'于是后进沿流以讲学为大

① 陈经邦：《明世宗实录》，"中央研究院"历史语言研究所 1962 年版，卷五四一，第 8748—8749 页。
② 薛应旂：《方山先生文录》，四库全书存目丛书，齐鲁社 1997 年版，第 93 页。
③ 李颙：《二曲集》，中华书局 2006 年版，第 105 页。

戒。……故国朝读书之博,风俗之坏,亭林为功之首,亦罪之魁也。今与二三子剪除棘荆,变易陋习,昌言孔子讲学之旧,若其求之方,为学之门,当以次告也。"①康有为对顾炎武的批评出于其开展讲学,宣传变法思想的需要,这无可厚非。但明人讲学风气之盛出于明代学者以国系权力推行其学说的无望,也是不争的事实。清代学者感受到的政治压力更大,甚至讲学也成为不可能,在此情况下,他们如何履行其"治国平天下"的使命呢?

第三节 "无事袖手谈心性,临危一死报君恩"
——晚明政局和东林学者对学术的反思

其实,在张居正禁止讲学之前,民间对王学的批评已经不绝于耳。王畿曾说:"昔有乡老讥先师曰:'阳明先生虽与世间讲道学,其实也只是功名之士。'"②我们在前面曾经论述王阳明提出其心学理论之后遭遇到的阻力,主要是由于他的学说与程朱不符合而造成的。但是这位乡老的讥讽却告诉我们,对于王阳明及其后学的批评,似乎不至于此。从王阳明的一生来看,他是一个纯粹的儒者,他为官主要是为了实现他自幼学为圣贤的理想,是为了实现儒家传统的治国平天下的理想。他的第一次正式讲学是自正德四年贵阳文明书院讲知行合一开始的。这之前王阳明已经提出了吾性自足的观点,只是还没有明确提出"良知"二字,在《五经臆说》中,王阳明已经提出:"心之德本无不明也,故谓之明德。有时而不不明者,蔽于私也。去其私,无不明矣……君子之明明德,自明之也,人无所与焉;自昭也者,自去其私欲之蔽而已。"③

---

① 康有为:《康有为学术著作选》,中华书局1988年版,第5—6页。
② 《王畿集》,凤凰出版社2007年版,第46页。
③ 《王阳明全集》,上海古籍出版社1992年版,第2876页。

这里已经有了后来的良知不假外求的意思,只是没有明确地说出来。正德九年,王阳明在南京"只教学者存天理去人欲,为省察克制之功"。如果只从这种说法看来与程朱理学没什么区别。因此,在王阳明早期的讲学中还是有程朱理学的存留,这也是王阳明本身所承认的:"我在南都以前,尚有些乡愿的意思在。我今信得这良知真是真非,信手行去,更不着些覆藏。我今才做得个狂者的胸次,使天下之人都说我行不掩言也罢。"这里所谓的乡愿其实就是指在学术上他还没有完全摆脱程朱的影响,还是没有完全脱离科举考试的束缚。因此,受到"功名之士"的批评,也在情理之中。对王阳明讲学的批评还集中在学术层面,随着王学讲学的增加,时人对讲学的批评从学术扩展到了讲学本身。对阳明后学讲学的批评,更是所在多有,嘉靖四十一年,潮阳萧日阶拜访罗洪先,言:"始端升就外傅,先太史公命之曰:'吾不愿汝讲学,世之讲学者皆可知也。吾愿汝立好心,行好事,做得一分便是一分好人,做得十分便是十分好人矣。'端升不敢忘,先生何以教之,以庶几不辱。"①可见,时人多有认为讲学乃是不正之风者。更为值得注意的是,萧日阶之父似乎将讲学与做好人对立了起来。我们很难想象王阳明及其他主持讲会的学者会导人为恶,因此,这种批评只能从参与讲会者的自身来考察,讲会对参与者的影响是很大的。罗念庵还记载了一个叫做龙履祥的士子,他父亲也反对他参加讲学,以致绝食相逼。直至参加讲会的龙履祥从一个纨绔子弟变成了彬彬有礼君子之后,才相信讲会的积极作用,并亲身参加讲会。然而这种积极影响并不会产生于每位参与者的身上,更多的是参加讲会的目的不纯,何良俊指出:"今之仕宦,有教士长民之责者。此皆世风民俗之所表率,苟一倡之于上,则天下人群趋影附,……然此等之徒,岂皆实心向学,但不过假此以结在上之知,求以济其私耳,浇兢之风,未知所届。"②由于晚明的讲

---

①　《罗洪先集》,凤凰出版社 2007 年版,第 61 页。

②　何良俊:《四友斋丛说》,中华书局 1983 年版,第 31 页。

学,过分强调个人意志,特别是晚明三教合一的盛行,在讲会中更是加入了佛教的因果报应等学说,这是当时的风气使然,但是也在另一方面说明由于王学过分注重内在的个性自足,以至于儒家传统的伦理道德已经无法保证士子的立身行事,而要借助虚无的因果说来加以外在的规范。而京师同志会的难以为继,也说明了当时讲会的困境,王龙溪在论及京师同志会时对沈懋学说:"京师旧有同志月会,相传已久,今因时好差池,渐成避忌。消息盈虚,时乃天道,不足为异。……元老(张居正)于师门之学,原亦相信。近因吾党不能以实意将之,微致规切。意在相成,非有所恶也。世人过于承望,形声相轧,酿成纷纷之议。"①这又说明讲会已经为政治所利用,甚至讲会之间还会相互倾轧,这就更降低了讲会的质量。

在讲会的发展过程中,不但产生了上述弊端,还越来越不适应社会的发展。明代社会到万历期间,内忧外患日益明显。张居正改革被彻底清算之后,既有土地兼并导致的国内矛盾,也有沿海倭寇侵犯和东北女真族的武装威胁。农民起义、士兵哗变和市民运动风起云涌,统治集团内部及各种势力集团之间的斗争也是越演越烈,因此,如何挽救明代社会是当时最大的课题。但是,当时士子似乎没有感受到这种紧张的氛围,从官员到士子都是以利益为主。"至正德间,诸公兢营产谋利,一时如宋大参苏御史蒋主事……皆积至十余万。"这是官员的表现,士子也是如此:"盖吴松士大夫一中进士之后,则于平日同堂之友,谢去如恐不速,里中虽有谭文论道之士,非唯厌见其面,亦且恶闻其名,而日逐奔走于门下者,皆言利之徒也。"②可见,当时王学对世道人心的维系已经难以胜任。于是,便有东林党人对王学的反思和对朱学的重新提倡。东林学派对王学的批评首先集中于"空疏",王学流弊"空疏"之弊,前人多有指出,刘宗周言:"自文成而后,学者胜谈玄虚,

---

① 《王畿集》,凤凰出版社 2007 年版,第 922-924 页。
② 何良俊:《四友斋丛说》,中华书局 1983 年版,第 312 页。

遍天下皆禅学。"①顾宪成和高攀龙也都认识到了王学末流之弊病,并指出:"然心是活物,最难把捉。若不察其偏全纯驳如何,而一切听之,则其失滋甚。即如阳明颖悟绝人,本领最高,及其论学,率多杜撰……以学术杀天下后世。"(《泾皋藏稿》卷二)高攀龙指出:"姚江之避,始也扫闻见以明心耳,究而任心而废学,于是乎诗书礼乐轻而士鲜实悟;始也扫善恶以空念,究且任空而废行,于是乎名节忠义轻而时鲜实学。"(《崇文会语序》)因此,东林学派首先是以"经世"为号召的。黄宗羲总结东林学派的活动时说:"一堂师友,冷风热血,洗涤乾坤。"②这是其救时救世思想的反映。正是因为如此,高顾等人对当时学风深致不满:"一日(允成)喟然而叹,泾阳曰:'何叹也?'曰:'吾叹夫今之讲学者,凭实天崩地裂,他也不管,只管讲学耳。'泾阳曰:'然则所讲何事?'曰:'在缙绅只明哲保身一句,在布衣只传食诸侯一句。'泾阳以为慨然。"③可见,这时的王门讲学已经不仅仅是空疏之弊,甚至于以讲学为手段而谋取私利。因此,顾宪成言:"士之号为有志者,未有不亟亟于救世者也",这里将救世作为评价"士"的一个标准,他认为不论社会地位如何,必须对国家做出自己的贡献,这便与王学末流的空疏形成鲜明对比。

为国家做贡献的前提是本人必须有做贡献的能力,在传统中国,这种能力首先必须有道德上的保证,而晚明人欲的流行及对个体意识的过分强调显然不利于国家的思想统一和个人修养。因此,东林学者也着重强调道德理性的提倡。高攀龙言:"天下不患无政事,但患无学术,何者?政事者存乎其人,人者存乎其心;学术正则心术正则生于其心者发于政事者,岂有不正乎?故学术者,天下之大本。"④这里的"学术正",主要是指道德理念之纯正。东林学者信仰程朱,主要是

①　刘宗周:《刘宗周集》,浙江人民出版社 2007 年版,第 1345 页。
②　黄宗羲:《明儒学案》,中华书局 2008 年版,第 727 页。
③　同上书,第 838 页。
④　高攀龙:《高子遗书》卷一,清康熙刻本。

因为与王学相比,程朱理学更为注重伦理纲常,更为注重学者的道德培养。东林学者也是如此,他们甚至以此为基准,将朝廷政事视为君子与小人之争。然而,道德之是非与事实之是非是有区别的。特别是在政治领域道德是非往往不能决定事实的发展方向,特别是在纷乱的晚明政局中这种以道德是非为标准的做法更是无法满足参政的需要。而且,政事之解决需要一定的政治才能,需要在纷繁复杂的政治关系中找到最直接的解决方法,道德之高下却往往与政治才能无关。如果一味以道德是非为标准,则对于政事的解决没有帮助又容易导致所谓"君子"与"小人"之间的对立。这也就是为什么弹劾东林者以为:"盖今日之祸,始于门户,门户之祸,始于东林。"晚明政争主要体现于门户朋党,陈子龙曾概括当时的党争说:"如大敌之在前,夙兴夜寐以图谋者,皆攻人、应敌之事。"①当时官员整日盘算如何攻击他人和自保,哪里还会去想为国为民? 当然将门户之祸,归于东林党是不确切的。然而东林党刻意强调君子与小人之对立,在某种程度上也加剧了党争。

东林士人对明末政局并没有产生多大的积极影响,甚至在李三才事件之后,成为各派进攻的焦点,所谓"东林由是渐为怨府"②。至明末,最后一个王学大师刘宗周获得了参政的机会,但是面对一心想迅速改变颓势的崇祯皇帝时,却并没有提出什么有效的建议,这一点连其弟子黄宗羲也不得不承认:"上又问兵事,(宗周)对曰:'臣闻御外亦以治内为本,此干羽所以格有苗也。皇上亦法尧舜而已'上顾温体仁曰:'迂哉! 刘某之言也'。"③刘宗周坚持了王学道德提升的原则,他希望靠人心风气的改变来挽救整个国家,这种想法本身没什么错误,但是作为一个国家来讲,这显然是不够的,特别是在发生重大历史事件的重要关头,这种想法更是显得迂腐而不切于用。

---

① 陈子龙:《安雅堂稿》,伟文出版社有限公司 1977 年版,第 2224 页。
② 黄宗羲:《明儒学案》,中华书局 2008 年版,第 1391 页。
③ 同上书,第 1463 页。

第二章 明代学术的发展

第一节 "得君行道"与"觉民行道"
——朱学与王学宇宙观构建之不同

如上所述,与程朱理学的"得君行道"相比,王学已将重心转移到"觉民行道",正是因为如此,王学对于《大学》的"格物致知"的解释便与朱学不同。朱熹在《四书章句集注》中是这样解释"格物致知"的:"致,推极也。知,犹识也。推极吾之知识,欲其所知无不尽也。格,至也。物犹事也。穷至事物之理,欲其极处无不到也。"[①]这种要求主要是针对士大夫的,毕竟在"士农工商"中,只有"士"才有时间和精力去推究事物之理。而且在中国传统社会中,士的地位比农工商要高,而且士占据着社会的主导位置,农工商处于被动的地位。孔子曰:"民可使由之,不可使知之"(《论语·泰伯》第八)即是在一定层面上表现了这种思想。宋代时,这种格局还没有发生大的变化。同时,由于宋代皇帝有与士大夫共治天下的雅量,这里的"士"可以说包括了一般的士子到皇帝本身。因此,程朱理学的对象也包括了皇帝,在这种意义上,他们没有把皇帝作为绝对的权威,他们甚至认为选取辅相才是皇帝首要之务,程颐言:"天下之治,由得贤也;天下不治,由失贤也;""夫以海

---

① 朱熹:《四书章句集注》,中华书局 2005 年版,第 4 页。

宇之广,亿兆之众,一人不可以独治,必赖辅弼之贤,然后能成天下之务。"①这种思想发展到后来就是所谓的"天下兴亡系宰相,君德成就责君筵"。到朱熹时,宋代君主比较开明的政治态度依旧延续了下来。这样,在朱熹集大成的程朱理学中,将皇帝也安排在理的控制范围之内,也就不足为奇了。朱熹对"理"系统的建立,其实是将他所认为的宇宙秩序运用到人间社会,这种做法具体体现在他对理气关系的论述中。对于理气关系,朱熹的思想曾有过转变②,然而,其晚年定论则在于,理气之关系不是实在物质中孰先孰后的问题,而是本体论上哪个在前哪个在后的问题:"要之也先有理。只不可说是今日有是理,明日却有是气。也须有先后。且如万一山河大地都陷了,毕竟理却只在这里。"③这样就可以看出,在朱熹看来,理气之关系不是时间上的先后问题,而是本体论的问题,即何者在哲学上是第一性的问题。理是形而上的,因此即是在所有物质都毁灭之后还是依然存在的,而物质的存在包括人,又要受到理的规定和限制。与理气关系相适应,朱熹对"修齐治平"的顺序也提出了自己的主张:"有国家者不成说家为齐,未能治国,且待我去齐家了却来治国? 家有未齐者,不成说身未修,且待我修身了却来齐家? 无此理。但细推其次序,须著如此做。若随其所遇,合当做处则一齐做始得。"④可见在朱熹看来,虽然从顺序上讲并不存在限定的修齐治平的顺序,但是在事实上,这种顺序却是理论的、逻辑的,也就是说在理论上、逻辑上讲必须要通过修身的功夫,接受道德的磨炼,才可以齐家治国平天下。理学家批评王安石变法时,所据也多是认为王安石道德修养不足。朱熹以为:"荆公之学之所以差者,以其见道理不透彻"(《朱子语类》卷一三〇《本朝四》)而且这种修身工

---

① 分见程颐、程颢:《二程集》,中华书局 1981 年版,第 513、522 页。
② 参见陈来:《朱子哲学研究》,华东师范大学出版社 2000 年版,第 76—94 页。
③ 黎靖德编:《朱子语类》,中华书局 1986 年版,第 43 页。
④ 同上书,第 468 页。

夫，一旦联系到理气关系上，就不但要求一般士子，也是对皇帝的要求。然而，这种理是包括万物秩序的，一旦确立就不容更改，所谓："宇宙之间，一理而已。天得之而为天，地得之而为地，而凡生于天地之间者，又各得之以为性。其张之为三纲，其纪之为五常，盖皆此理之流行，无所适而不在。"①这里朱熹主要是强调天理及"理一分殊"在人间社会中的运用。在这样的体制之下，人们在社会中的地位及其行为方式都是固定的，不可动摇的，只有这样才是合理的。运用到政治上就是从皇帝到士农工商各有其地位与职能，这种地位与职能是不容混淆的。也正是在这种意义上，封建的伦理纲常是天赋予的，是超验的，不可背离和更改，这样就将整个社会融入到"理一分殊"的框架中。在这个框架里，每个人都有其固定的地位和作用，人人只需也必须按理而行。然而，由于愚夫愚妇日用而不知，则农工商是不能对理进行把握的，只有士才是这种理想社会的追求者和构建者。同时，由于理是超验的，处于本然状态的士对理的把握并不是生而有之的，必须有一个探索的过程。在这个过程中，有的士对理的把握会出现偏差，比如上述理学诸人普遍认为王安石变法之所以不成功就是因为其对理的把握，也就是他的内圣之学出了问题，可见，对理的把握不但关乎修身还关乎治国。这种对理的规定和把握自然有儒家传统的延续。孟子云："故士穷不失义，达不离道。穷不失义，故士得己焉；达不离道，故民不失望焉。古之人得志，泽加于民；不得志，修身见于世。穷则独善其身，达则兼济天下。"（《孟子·尽心下》）然而，这种理想有一个先决条件就是：理不可以被皇帝所垄断。宋代士大夫之所以穷达皆能运转如意，是因为宋代皇帝对待士大夫采取很宽容的态度，甚至是"与士大夫共治天下"，程颐以为："天下重任，唯宰相与经筵；天下治乱系宰相，君德成就责经筵。"在对《周易》的解释中，程颐也表现出了士大夫对天下

---

① 〔宋〕黎靖德著，王星贤注解：《朱子语类》，中华书局 1986 年版，第 1250 页。

之重:"圣人在下,虽已显而未得位,则进德修业而已……君德已著,利见大人,而进以行之耳,进居其位者,舜禹也;进行其道者,伊、傅也。"①可见,在程颐看来皇帝的作用主要是选拔辅相之人,而对天下的治理可垂拱而得。余英时先生甚至认为,"程颐理想中的君主只是一个象征性的元首;通过"无为而治"的观念,他所向往的其实是重建一种虚君制度,一切'行道'之事都在贤士大夫手中"。② 这种情况对士大夫于理的掌握和运用有积极的促进作用,因此在宋代不论是理学还是非理学士大夫都是采取自上而下的方式实现其回归三代的理想。然而,当皇帝对理采取垄断时,士大夫则只能掌握理而无法运用理,特别是当统治者用功令的方式对士子的思想进行控制时,这种理的追求就会失去原有的超越意义和批判性:这种情况就是明代学者所遇到的。

明代学者吕坤曾经理直气壮地说:"故天地间惟理与势最尊。虽然,理又尊之尊也。庙堂之上言理,则天子不能以势相夺。即相夺焉,而理则常伸于天下万世。……帝王无圣人之理,则其权有时而屈。然则理也者,又势之所恃以为存亡者也。已莫大之权,无僭窃之禁,此儒者之所不辞而敢任斯道之南面也。"③乍看之下,这似乎和宋代士大夫那种"与皇帝共治天下"的自信相差无几,然而仔细分析吕坤的这种言论,则更多的是对士大夫处境的自我激励。程颐对士大夫重要性的提倡,更多的是要其参与到政治中实现治国平天下的理想,而吕坤强调理相对于势的优越性,更多的是要以"理"来对抗"势"。

如第一章所述,明代政治已不允许士大夫像宋代士大夫那样参与政治,明代政治环境对士大夫更为严酷,这也是吕坤在上引言论中劈头便说"公卿争议于朝,曰天子有命,则屏然不敢曲直矣"的原因:王学的兴起也是在这种环境中产生的,王学要想实现其治平理想也就不能

---

① 程颢、程颐:《二程集》,中华书局 1981 年版,第 357、469 页。
② 余英时:《朱熹的历史世界》,三联书店 2004 年版,第 163 页。
③ 吕坤:《呻吟语》,上海古籍出版社 2000 年版,第 6 页。

按照儒家传统的"自上而下"的方式。同时，由于明代社会和经济的发展，传统的四民排序已经受到了冲击，特别是商人地位的提高，对儒家传统伦理的冲击也是显而易见的，这些都对王学的提出和发展产生了影响。王阳明对商人的地位就提出了自己的见解："古者四民异业而同道，其尽心焉，一也。士以修治，农以具养，工以利器，商以通货，各就其资之所近，力之所及而业焉，以求尽其心。其归要在于有益于生人之道，则一而已。"[①]这篇文章表明，王阳明认为在道的面前士农工商处于平等的地位，这样就将道的获得从士的专职下移到全体人民手中，这是王阳明学说的一个重要的突破。特别是与他良知人人具有的说法相适应，可以为更多人获得自身自有之良知提供理论依据和实践保障。这种提法正是和王阳明的觉民行道和其学说中："我这里言格物，自童子以至圣人皆是此等工夫。但圣人格物，便更熟些子，不消费力。如此格物，虽卖柴人亦是做得。虽公卿大夫，以至天子，皆是如此做。"[②]王阳明的学说正是学术发展和社会变化相互融合的结果。

朱学发展到明代，已经成为主流的思想意识。特别是永乐年间编订的《五经大全》《四书大全》《性理大全》，将周、程、张、朱诸儒言性理之书类聚成编，其中涵盖了宇宙天地、社会生活、理气信仰、鬼神夷狄等各个方面。永乐皇帝亲自作序，"有发明经义者取之，悖于经旨者置之"，毋庸置疑，这种取舍肯定是遵循着明太祖删除孟子八十五条的标准。从此，士子读书应举，只能以上述诸书为标准，周、程、张、朱诸儒苦心孤诣造就的对"理"的追求和把握的文本从此成为君主统治思想的工具和士子功名富贵的敲门砖。虽然明人和清人，都不约而同地认为与明末相比，明代中前期世风、士风统一而纯朴，但是在这种高度统一控制下进行的教科书式的理学研究，其结果就是"学者幼而读之，老

---

① 《王阳明全集》，上海古籍出版社 1992 年版，第 3456 页。
② 同上书，第 37 页。

而不知一言为可用者。"①王阳明也指出，当时的科举考试是"然自科举之业盛，士皆驰骛于记诵辞章，而功名得丧分惑其心，于是师之所教，弟子之所学者，遂不知有明伦之意矣。"②如上所述，对于程朱理学来说重新规定整个社会的秩序和规范是他们自始至终都孜孜以求的目标。他们强调"理一分殊"就是为了在天理的原则下将人类社会的方方面面都归入天理流行的范围内，这样才能使整个社会合理运行，这也是中世纪君主采取程朱理学作为其统治意识的原因。阳明所谓功名丧其心而不知有明伦之意，即是指当时的士子将功名富贵作为追求的目标，其对程朱理学的研习已转变为对科举教科书的研习。这种做法的直接后果就是对程朱理学的精义难以领会，失去了程朱理学的道德修养与批判精神，甚至导致对伦常的轻视。程朱理学在当时遭遇到的另一个困境就是时人对程朱理学过于遵从，甚至认为："《大学》《中庸》章句，《论语》《孟子》集注，发圣人之精蕴可谓无余，羽翼圣传，其功于是为大善。学者惟当潜心体玩，笃志力行而已，何暇多言？"正是这种"何暇多言"的态度，使程朱理学及以程朱理学为基础制定的伦理纲常显得过于刻板而不近人情。实际上，由于明代社会经济和社会的发展，这些发展不会不反映到人们的思想中来，比如以风俗这一点来讲，明代已经发生了很大变化，在服饰上去朴从艳、文艺上追求异调新声、知识上转而慕奇好异，特别是明代俗文化的盛行，更是对从士大夫到平民的思想意识产生了重大影响。说晚明是一个人欲横流的时期或许过分了一些，但是当时对人的自然欲求的推崇也是历来所少见的。在这样一个时期，更需要个人的自律，但是已经条令化、世俗化的程朱理学恐怕难以承担这样的任务。而事实是，作为科举内容的程朱理学是不容轻议的，永乐皇帝在为《性理大全》作的序中说："道之在天下，无

①　高攀龙：《高子遗书》，四库全书本，第2页。
②　《王阳明全集》，上海古籍出版社1992年版，第252页。

古今之殊,人之禀受于天者,无古今之异。"①这是一个普遍而绝对的真理,任何对它的质疑都是不容许的,要想替代程朱理学成为官方的思想意识更是不可能的,也就是说,要想适应时代发展适当改造程朱理学的想法是不会实现的。因此,在程朱理学已经僵化的情形下,要想实现儒家治国平天下的理想只能是从下做起,觉民行道。

王阳明心学的提出,如第一章所述,有政治上的原因,也有上述学术的原因。从传统儒家来看,自上而下地实现治平理想是正途,但是王阳明似乎一直也没有看到自上而下的希望,因此他的学说是直接作用于民的。特别需要指出的是,王阳明提出其心学之时,首先是重视个体的自足。这自然和他的个人经历有关。他是在龙场顿悟之后提出自己的学说的,而且从此之后其学说一直是龙场顿悟的延续,没有改变。据《年谱》记载正德三年:"先生始悟格物致知。……时瑾患未已,自计得失荣辱皆能超脱,惟生死一念尚觉未化,乃为石椁,自誓:'吾惟俟命而已!'……因念:'圣人处此,更有何道?'……始知圣人之道,吾性自足,向之求理于事物者误也。"②身处龙场的王阳明,其身边的人第一种是仆从,第二种是言语不通的少数民族,第三种是从中原地区流窜来的罪人。因此,此时的王阳明对学术的思考主要是从自身的处境出发,解决的也多是自己身心所面临的问题。这些问题包括身受奸臣攻击和皇帝的不信任,自身成圣的理想与现实的矛盾等,王阳明对这些问题的思考必然影响其学术的取向和路径。"吾性自足"的提出是解决这些问题的一个关键,吾性自足则生死不足以动心、吾性自足则不必依赖于外在权威,其块然而生、块然而死,于我独存而未尝加损者,则是本身固有之良知也。因此,王阳明顿悟之后最为重视的无疑是个体的自足。同时,这种个体是普遍意义的个体,不是专指士大

---

① 《性理大全》卷首《御制性理大全书序》,《孔子文化大全》影印本,山东友谊出版社1989年版,第10页。

② 《王阳明全集》,上海古籍出版社1992年版,第1228页。

夫而言,在阳明看来,愚夫愚妇之良知自足与圣人无异,所谓:"圣贤之道,坦若大路,夫妇之愚,可以与知;而后之论者,舍易图难,遂使老师宿儒皆不敢轻议。"①这句话几乎可以作为王阳明试图将其学说推广至全民的宣言。同时,在推广的方法上,王阳明也强调不应将良知天理推之太高,凿之太深:"问'异端'。曰:'与愚夫愚妇同的,是谓同德;与愚夫愚妇异的,便是异端。'"这里主要是强调良知在个体间的同一性,并且这种同一性是天所赋予的:"心也者,吾所得于天之理也。"这种认识使阳明学说更利于向下层人民传播,并且在具体的传播过程中,阳明也强调正视这种良知的同一性:"你们拿一个圣人去与人讲学,人见圣人来,都怕走了,如何讲得行? 须做得个愚夫愚妇,方可与人讲学。"②这种说法在宋代理学中是不可想象的,宋代理学的教育对象是士大夫,其修养目的是加强道德修养以适应或预先培养在各级政府机构中任职的能力。然而,王学的目的在于扩充个人的良知,以期在政治抱负无望而社会风俗巨变的社会中安身立命,此时的主流意识还是程朱理学,程朱理学与王学的不同之处在于,程朱理学更为重视个体对天理规范的服从,而王学则更为注重对个体良知的开发。其实,王学的这种特点也正是由于王学和程朱理学目标和方式不同(得君行道和觉民行道)而导致的,焦循认为:"余谓紫阳之学所以教天下之君子;阳明之学所以教天下之小人……至若行其所当然,复穷其所以然,诵习乎经史之文,讲求乎性命之本,此惟一二读书之士能之,未可执为颛愚顽梗者而强之也。良知者,良心之谓也。虽愚不肖、不能读书之人,有以感发之,无不动者。"③正因为良知者贤愚同具,因此才有"满街皆是圣人"之说。这样与朱子之学主要面对士进行说教不同,王学首先

---

① 《王阳明全集》,上海古籍出版社 1992 年版,第 176 页。
② 分见黄宗羲:《明儒学案》,中华书局 2008 年版,第 250 页;《王阳明全集》,上海古籍出版社 1992 年版,第 148 页。
③ 焦循:《雕菰集》,上海商务印书馆 1937 年版,第 93 页。

承认了下层人民同样就有圣人之质，从而将一直是阳春白雪的儒学通俗化了，使得儒学更适应在平民中间传播，也就是儒学的"世俗化"。王门中世俗化最明显的是泰州学派，这一学派的创始人心斋王艮就是行商，而非传统的儒者。而其门人更是包括社会各阶层人士，如樵夫、陶匠、农夫等，其中陶匠韩贞就以"化俗为任，随机指点农工商贾，从之游者千余。秋成农隙，则聚徒讲学，一村毕，又至一村。……县令闻而嘉之。"①说明，当时社会不但一般人民认可了这种非儒士的讲学，甚至官方也承认其合理性。可见，在王阳明简易直接的良知说之下，儒学的传播取得了前所未有的成功。

当然，对王学的这种特点还有不同的说法。比如刘宗周引"世言"云："世言：'上等资禀人宜从陆子之学，下等资质人宜从朱子学。'"②；李颙引张敦庵言曰："来谕谓：'阳明之学，天资高朗者易得力；晦庵之学，资性钝驽者易持循。'"③当然，刘念台和李二曲都不同意这种说法。其理由就是，朱学虽然"教不躐等，故深得洙泗家法，而其末流之弊，高者徇迹执象，比拟模仿，叛援歆羡之私，已不胜其憧憧，卑者桎梏于文义，纠画于句读，疲精役虑，茫昧一生而已。"④其实，这里所论朱学末流之蔽，总结成一点就是"学不见道"。而王学横发直指，简易直截，强调良知是当下具足，圣愚无间的，因此人人心中有个仲尼便是必然结论，也就是说天下人人可以成为圣人，王阳明使儒学原本超越的理性进入到世俗社会，被平民百姓所理解和接受，从而加快了儒学世俗化的过程。只是我们必须谨记一点，那就是王阳明对儒学的世俗化并没有舍弃传统儒学的那种道德警示作用，它也是在治国平天下这样一个大的前提下进行的。

---

① 黄宗羲：《明儒学案》，中华书局 2008 年版，第 245 页。
② 《刘子全书》卷一三《会录》，第 47 页。
③ 李颙《二曲集》卷一六《答张敦庵》，中华书局 1996 年版，第 139 页。
④ 同上。

第二节　"盈天地间，只有气质之性，更无义理之性"
——晚明顺情遂欲说的流行

晚明刘宗周曾经斩钉截铁地对朱子哲学的心性论提出批评："盈天地间，只有气质之性，更无义理"[1]，这是明代心性论的一个新发展，后来陈确的"人欲恰好处即天理也"；颜元的"非气质无以为性，非气质无以见性"等都从此出，可见当时对程朱，特别是对朱熹的心性论已普遍提出质疑，而这种质疑是与当时社会和学术发展分不开的。

作为宋代理学的集大成者，朱熹在心性理气方面都有比较系统的论述，这里主要阐释一下他关于理气、心性的一些说法，以与明代做比较。儒家关于性善的学说，始于孟子："恻隐之心，人皆有之；"(《孟子·告子上》)，所谓："孟子道性善，言必称尧舜。"(《孟子·滕文公上》)然而，孟子对性善的论证并没有充分展开，特别是对人们行为中恶的行为一面没有做出说明。之后，又出现了荀子的"性恶说"、扬雄的人性善恶相混说等。至宋代二程提出"性即理"，也就是说人性符合宇宙秩序及其在人家社会的运行规则，但是这种天授式的人性理论还是没有具体到个人的性格品质。至朱熹则提出天地之间理气皆有，人物的产生是禀受天地之气为形体，人类禀受的天地之理为人的本性，而人形质由气形成，人性是理与气融合而成。同时，朱熹对孟子的说法提出了不满，他认为："孟子只是大概说性善，至于性之所以善处也少得说。须是如说一阴一阳之谓道，继之者善，成之者性也处，方是说性与天道尔。"[2]这里"继之者善"是指天命之理，"成之者性"是指人物之性，朱熹认为孟子的"四端说"只是从道德情感活动追溯，还是没有阐明人

---

① 黄宗羲：《明儒学案》，中华书局 2008 年版，第 905 页。
② 〔宋〕黎靖德著，王星贤注解：《朱子语类》，中华书局 1986 年版，第 482 页。

性的根本依据和来源。朱熹认为人性是"天地之理"的一部分,人物之性是接受到的天地之理。因此,从这种意义上说人性本来是善的:"继之者善,成之者性,这个理在天地间时只是善,无有不善者。生物得来,方始名曰性。只是这理,在天则曰命,在人则曰性。"①从这个意义上来说,人性本无不善,但是实际上:"人性皆善,然而有生下来善底,有生下来恶底,此是气禀不同。"②由于人是由形质组成的,形质在朱子看来是形而下的气,而气又有清浊偏正,人禀气的清浊偏正决定了人的圣贤愚不肖:"又云,只是一个阴阳五行之气,滚在天地中,精英者为人,渣滓者为物,精英中又精英者为圣为贤,精英中之粗渣者为愚不肖。"当然,不论是人禀受天理还是人形质的清浊偏正,都是一个自然的、无意识的过程,气禀的复杂多样性完全是一个偶然的过程。同时,气质对性理起到了遮蔽作用。朱熹除了认为气质直接决定人的善恶品质之外,朱子更注重气质的浑浊对善的本性的隔蔽:"且如此灯,乃本性也,未有不光明者。气质不同,便如灯笼用厚纸糊,灯便不甚明;用薄纸糊,灯便明似纸厚者;……撤去笼则灯之全体著见。"③也就是说,对一个人来说,本来性是全体具备的(只是仁义礼智可能不是很平均),但是由于气质不同则表现出来就不同。有了气质,则有气质之性。在朱熹看来气质之性是指天理之性与气质的混杂:"不容说者,未有性之可言,不是性者,已不能无气质之杂矣。"可见,由于人物都是禀气而生的,则气质之性是人所必有的。又因为气质是朱熹为了解释善产生的原因而引入人性论的观点,因此气质之性必然是负面的、是与恶相联系的。然而,朱熹并不是一味斥责气质之性,而是认为:"性只是理,气质之性,亦只是从这里出。若不从这里出,有甚归着。"④"这个

① 〔宋〕黎靖德著,王星贤注解:《朱子语类》卷五,中华书局 1986 年版,第 120 页。
② 〔宋〕黎靖德著,王星贤注解:《朱子语类》卷四,中华书局 1986 年版,第 63 页。
③ 〔宋〕黎靖德著,王星贤注解:《朱子语类》卷六四,中华书局 1986 年版,第 1257 页。
④ 〔宋〕黎靖德著,王星贤注解:《朱子语类》卷四,中华书局 1986 年版,第 67 页。

对每个人直接发生作用的,已不是性之本体的现实人性就是'气质之性'。在这个意义上来说,严格地讲,对具体现实的人来说,不能简单地说性即是理,只是说性之本体是理。"①如果说理与气主要是来自于天,而很难人为改变的话(朱熹认为气质是可以变化的,然而极难),那么人要加强道德修养为善去恶,则要用力于道心、人心之间。

朱熹认为,心为人之知觉,人的一切思维活动由心而发。但是心"虽皆神明不测之妙,而要其真妄邪正又不可不分耳"②,也就是说心之知觉中包含着善恶之分。这个思想也就是反对一切知觉皆是仁的说法,正与当时胡五峰和后世阳明后学的一些观点针锋相对。从这个思想出发,朱熹将人的知觉分为两种:"此心之灵,其觉于理者,道心也;其觉于欲者,人心也";"只是这一个心,知觉从耳目之欲上去,便是人心;知觉从义理上去,便是道心"③。可以一句话总结就是人心就是违背或偏离天理的知觉,道心则是符合天理的知觉,而这里所谓的天理就是道德原则。人之所以有道心和人心之异,是由于人的知觉"或生于形气之私,或原于性命之正"。朱熹认为,凡人皆是禀气为形,禀理为性,各种情欲根源于构成血肉之躯的形气,而道德意识直接发自以理为内容的人的本性。情欲不加控制则流于不善,而人之善的本性则潜伏在内心深处,微妙难知。人无例外的具有形体和性理,所以无例外的兼有人心和道心,由于人心不合天理,而道心符合道德原则,因此,加强道德修养的一个重要方面就是使人心听命于道心,所谓:"必使道心常为一身之主,而人心每听命焉,则危者安、微者著,而动静云为自无过不及之差矣。"④但是,应该注意的是,朱熹所论述的人心、道心并不像后来学者所批判的那样将心一分为二,反而是常常强调人心

---

① 陈来:《朱子哲学研究》,华东师范大学出版社 2000 年版,第 32 页。
② 陈俊民校编:《朱子文集》,德富文教基金会 2000 年版,第 358 页。
③ 分见陈俊民校编:《朱子文集》,德富文教基金会 2000 年版,第 499 页;〔宋〕黎靖德著,王星贤注解:《朱子语类》,中华书局 1986 年版,第 890 页。
④ 上引两条均见朱熹:《四书章句集注》,中华书局 1986 年版,第 14 页。

只有一个。他说："若说道心天理，人心人欲，却是两个心。人只有一个心，但知觉道理底是道心，知觉得声色臭味底是人心，不争的多。"①可见在朱熹看来，所谓道心、人心只是同一思维主体的不同思维内容，而不是指人有两个主体。其实，"道心人心"说是朱熹从理气关系上解释人之善恶而自然推导出来的结论。在朱熹看来，由于人的形体由气构成，而人所禀受之气又是有清浊偏正的，因此人总是会在心理、思维或动作行为中产生恶的因子。这也是为什么朱熹认为情、才等皆不是纯粹至善的原因。朱熹的任务绝不是仅仅指出不善的存在那么简单，他必须要提供去除这些不善而至于善的方法，这就是"格物致知"。按照朱熹的解释，格物致知就是"所谓致知在格物者，言欲致吾之知，在即物而穷其理也。盖人心之灵莫不有知，而天下之物莫不有理，惟于理有未穷，故其知有不尽也。故大学之始教，必使学者即凡天下之物，莫不因其已知之理而益穷之，以求至乎其极。至于用力之久，而一旦豁然贯通焉，则众物之表里精粗无不到，而吾心之全体大用无不明矣。此谓物格，此谓知之至也。"②朱子在这里强调的是要用自心的本性与外在事物的理相印证，因为人物都是秉承天理的，此天理独一无二，人物无不同，因此对物理的探究有助于心对理的把握。一旦心与理一，则对理的把握便可使人完全适应于道德原则，达到孔子所谓："随心所欲，不逾矩"的境界了。这种境界也是程朱理学者一直所追求的。明儒薛瑄言："七十六年无一事，此心惟觉性天通"，所表达的是这种境界，即使是王阳明临终所谓："此心光明，亦复何言"③，也是这种境界的反映。

其实，王阳明在"天理人欲""人心道心"方面与朱子有比较多的相似之处。王阳明在龙场时主要解决的问题就是："圣人处此，更有何

---

① 〔宋〕黎靖德著，王星贤注解：《朱子语类》，中华书局1986年版，第913页。
② 朱熹：《四书章句集注》，中华书局1983年版，第7页。
③ 黄宗羲：《明儒学案》，中华书局2008年版，第10、第201页。

为?"继而悟到"吾性自足",那么实际上,王阳明就是将天理良知都是归结到自我修持上来了。作为儒家传统学者,这种自我修持最重要的就是道德境界的提高,也就是说王阳明学说的最终目的还是在于存天理、灭人欲。王阳明在解释什么是"良知"时说:"夫心之本体,即天理也。天理之昭明灵觉,所谓良知也"①,则良知也是天理这是毫无疑问的,同时,和程朱一样,王阳明认为性即理:"心之体,性也,性即理也。……仁义只是吾性,故穷理只是尽性。"②我们这里关键要考察的是:在天理人欲、人心道心的关系上,王阳明与程朱理学有无差别? 如果有,那么差别又在哪里? 在天理与人欲的关系上,王阳明还是秉承了程朱理学的传统,承认天理与人欲的对立:"省察克制之功,则无时而可间,如去盗贼,须有个扫除廓清之意。无事时将好色好货好名等私逐一追究,搜寻出来,定要拔去病根,永不复起,方始为快。……此心真切见善则迁,有过则改,方是真切工夫。如此则人欲日消,天理日明。"③可见,在王阳明看来天理和人欲也是此胜彼负的关系,日常修养的目的就是克除私欲,回复天理。而且从这段话中所谓"无事时",可见,这是王阳明早期就已经形成的思想,因为后来成熟时期的王阳明提倡知行合一,无论是无事时还是有事时,甚至考试应举、处理公务等各方面都可以作为提高道德修养的机会。只是与程朱不同的是,王阳明并没有程朱那样的宇宙生成论和本体论,从人生之前的角度来论证善恶产生的根源,他认为"恶"的产生是后天的而不是先天本有的,"恶"产生的根源在"习":"夫恶念者,习气也;善念者,本性也。本性为习气汩者,由于其志不立。故凡学者为习气所移,气所胜,则惟务痛惩其志。"由于承认良知乃是人人所固有,因此王阳明其实是站在孟子的角度来论述人性本善的,也就是说虽然阳明没有明确地反对程朱理学气质之性

---

① 《王阳明全集》,上海古籍出版社1992年版,第189页。
② 同上书,第33页。
③ 同上书,第45页。

有不善的说法,但是从他的学理方面看,他是无法赞成程朱所谓人自有形体之后,由于气质之清浊偏正而导致人生而有恶的说法的。同样地,王阳明在面对人间社会种种"恶"的、不符合道德规范和伦理规范的行为时,也必须回答这些现象为什么会出现的问题。他主要是从人面对各种诱惑的角度来回答这个问题的:"圣人既没,心学晦而人伪行,功利、训诂、辞章之徒纷沓而起,支离决裂,岁盛月新,相沿相袭,各是其非,人心日炽而不复知有道心之微。"①

　　"心"在王阳明的哲学体系中具有根本性的地位,这也是为什么陆九渊与王阳明的哲学被统称为"心学"的原因。在这里王阳明并不是要将"心"强分为"人心""道心",因为"人心""道心"之分是气质之性与义理之性之分的延伸,而王阳明并没有展开对气质之性和义理之性的论述。正是因为站在孟子人性本善的角度上来论述善恶的产生和道德的修养,因此,王阳明在"道心"与"人心"的论述上并不多,毕竟在"心即理"的大前提下,强分"人心""道心"对于王学自身而言是不现实的。这句话中的"人心""道心"其实只是王阳明引用伪《古文尚书》原文而已。阳明曾说:"心一也。未杂于人谓之道心,杂以人谓之人心。人心之得其正者即道心,道心之失其正者即人心。初非有二心也。程子为人心即人欲,道心即天理,语若分析,而意实得之。今曰道心为主,而人心听命,是二心也。天理人欲不并立,安有天理为主而人欲又从而听命者?"②所以,在天理与人欲的关系上,王阳明还是站在程朱理学的立场上强调天理战胜人欲,提高道德修养。但是在"人心""道心"的区别上,王阳明并没有强调二者的对立,认为心只有一个,就是天理之心,或者说就是天理。他主要是在后天人的习气和社会环境中寻求"恶"产生的原因。这一点就是程朱和王学主要区别之一。

　　正因为承认了天理与人欲的紧张对立,因此王阳明在道德修养方

① 《王阳明全集》,上海古籍出版社 1992 年版,第 256 页。
② 同上书,第 35 页。

面依然坚持了一种严格主义。首先，王阳明设定人人皆有良知，即使是下愚之人也是有良知的。王阳明的良知也是一种天授式，他认为："心也者，吾所得于天之理。"与程朱理学相似，"理"也包括两个方面：其一就是各种实理；其二，也是相比而言更重要的，就是各种道德律，即所谓的："是理也，发之于亲，则为孝；发之于君，则为忠；发之于友，则为信。"①这里的理就是主体内在的道德意识，这些道德意识根据王阳明的天授思想，也是内在于主体的、生来具有的。这种提法就将程朱理学的外在天理归结到了人自身，实现了人获得天理的简易直截。但是这并不表示人已经拥有了运用这些天理的必然性，这些天理的内在于心只是达到天理纯一的内在根据，不经过致良知的过程，这些天理不会从自有的、本然的状态转化为人的自觉的状态："知是心之本体，心自然会知。见父自然知孝，见兄自然知悌，见孺子入井，自然知恻隐：此便是良知，不假外求。……然在常人不能无私意障碍，所以须用致知格物之功，胜私复理，即心之良知更无障碍便是充塞流行，便是致其知，知致便是意诚。"②"不假外求"强调的是良知的天赋性和自然性，而且由于良知虽然是授之于天，但是由于受之者在人心，这样就将天理和人心结合了起来，而摆脱了程朱理学将天理作为完全的外在规范而导致其成为禁锢人心的弊端。这种学说的进步性还在于：虽然天理，亦即道德律是普遍的共同的内容，人人具有，但是由于其载体人心的不同，则其又有了不同的个体性。这种个体性与天理的公共性并不冲突，毕竟每个人对道德规范虽然都是要遵循的，但是其对道德的理解有各种不同，而只有在将这些道德规范都内化于自身的过程中，每个人才能根据自身经历和社会变化，形成适应于社会和自身的道德观，这样的道德观就不同于程朱那种完全外在的、异己的、冰冷的道德律令了。

---

① 《王阳明全集》，上海古籍出版社 1992 年版，第 146 页。
② 同上书，第 23 页。

在这里也表现出了心的重要性,毕竟心作为天理的载体是个人接受天理的根本之处,只有天理内化于心才可以使人的行为真正地符合道德规范。心之功用程朱论之甚多,而且其中纷繁复杂,可以说并没有真正解释心与性情等的关系。"意",即行为的念头,为心之所发,意是有善有恶,虽然在程朱看来心乃是形而下,有善有恶乃是自然,但是在阳明那里,心即理,心是纯善无恶的。这种意之恶自有其产生的原因。陆澄问:"主一之功,如读书一心在读书上,接客一心在接客上,可以为主一乎?"先生(王阳明)曰:"好色则一心在好色上,好货则一心在好货上,可以为主一乎? 是所谓逐物,非主一也。主一是专主一个天理""只要去人欲,存天理,方是功夫。静时念念去人欲、存天理。动时念念去人欲、存天理。'""问立志。先生曰:'只念念存天理,便是立志。'""志"在陆王心学中都占据着重要的地位,陆九渊在《白鹿洞书院讲义》中就强调志对于义利、君子小人之辨,也就是说志是心的定盘针。同时也反映出,心虽然是纯善,但是也会受到货、色等的牵引,关键不在于任心而行,而在于心与理合一。人心完全符合天理的,不但是个人的需要同时也是整个社会的需要,在著名的《拔本塞源论》中王阳明详细论述了他的天地万物一体的思想,而要达到这种理想境界,关键就在于"圣人有以忧之,是以推其天地万物一体之仁以教天下,使之皆有以克其私,去其弊,以复其心体之同然。"然后,才可以人人各尽其职,各安其位,"而无有乎希高慕位之心"。[1] 其实这也是一种对正常的社会秩序要求。同时需要指出的是,在涉及人心受到遮蔽的时候,王阳明也会用人天生之"质"来解释这种遮蔽的多和少,从而来区分生知安行和困勉之别:"质有清浊,故情有过不及,而蔽有深浅也。私欲、客气一病两痛,非二物也……如数公者,天质即自清明,自少物欲为之牵蔽,则其良知之发用流行处,自然是多,自然违道不远。"[2]可见,在解

①　《王阳明全集》,上海古籍出版社1992年版,第7页。
②　同上书,第8页。

释气质对本心的影响时，王阳明受到了程朱气质与气质之性的影响，认为人的天质自然有区别，这也是王阳明重视后天修养的一个原因。

虽然王阳明非常注重天理与人欲的区别，而且要求克去己私以回复天理，但是在王学后门中还是出现了"任情恣意"的情况，这是为什么呢？从学理上看，第一个原因是王阳明学说中"良知"的特殊地位。在王学兴起的初期，王阳明就已经指出："人之心体，本无不明，而气拘物蔽，鲜有不昏。非学问思辨以明天下之理，则善恶之机，真妄之辨，不能自觉，任情恣意，其害有不可胜言者。"这里主要还是站在朱学的立场上，认为必须先有格物穷理之功，才能真正认识、体会到天理，进而以理制欲、以理调情。程朱的理是外在的，在求理的过程中人的能动性主要就表现在"敬""格物"等，而一旦达到豁然贯通的境界，则人心完全听命于道心，人欲净尽而天理流行。因此与其说是人与天理合一，不如说是人听命天理，这也是后世论述程朱理学时认为程朱理学对人的拘束太多，要求太高而无法达到的原因。因此王阳明将天理归于人心，则人心只是听命于自身的良知，没有那种受制于外的紧迫感，自然好不勉强。然而，王阳明所说的"良知"既是天理与人心的合一，同时也是判断人心是否合于天理的标准："只致良知，虽千经万典，异端曲学，如执权衡，天下轻重莫逃焉。""尔那一点良知，是尔自家底准则。尔意念着处，他是便知是，非便知非，更瞒他一些不得"①。这样，在确定了良知天赋性的同时将良知作为是非判断的准则。同时，良知不但是主体判断现下个人意念善恶的准则，而且从"千经万典"一语可见"良知"被作为判断取舍古人甚至神圣经典的标准，这正和王阳明所谓："夫学贵得之于心，求之于心而非也，虽其言之出于孔子，不敢以为是也"相呼应。以内在良知作为判断是非的标准，自然有其解放思想的意义，同时更容易调动主体的主观能动性。毕竟道德规范无法穷尽

---

① 《王阳明全集》，上海古籍出版社1992年版，第389页。

一切行为,在进行是非判断时,主体的道德情感、信念、良心等会相互联系。然而,道德规范的作用在是非准则与个人利益情感相冲突时,起到强制执行的作用。人心不同有如其面,每个主体的个性、天性及其受到的道德教化程度不同,在其进行是非判断时难免会受到这些因素的影响。则如果过分强调个体良知准则功效,准则就难以被遵守而让位于现实利益,历来社会就不乏违背良知者就是一个明证。我们可以认为王阳明确实履行了其学说,但是王门后学中很多知名人物就已经违背了其良知,比如聂双江。何良俊记载:"孙文简以礼部尚书还家,时方双江为太守,文简设席待之,早起身自供张毕,直待至日夕点灯时,双江始至。文简殊厌倦,既上坐,酒三行后,即称疾发而起。双江大怒,逮其家人,以事罗织,问成充军。后合郡士大夫整酒于冯南江家,再三解释,事始得解。"①这件事便是无法以良知为是非准则的显例。王门后学中如聂双江者尚且如此,则更难要求其他人完全依良知而行了。

第二个原因在于王阳明给对情欲的解释留下了模糊的空间。王阳明认为:"性一而已,仁义礼智,性之性也;聪明睿智,性之质也;喜怒哀乐,性之情也;私欲客气,性之蔽也。质有清浊,故情有过不及,而蔽有深浅也。"②性中之情,则情乃性之固有。情之过与不及才是性之蔽,而性之蔽就是私欲客气。情乃是性之固有,也是心之本体合有的,其无过不及之就是纯乎天理而无人欲的。"喜怒哀乐爱恶欲,谓之七情。七者俱是人心合有的,但要认得良知明白。比如日光,亦不可以指着方所;一隙通明,皆是日光所在,……七情顺其自然之流行,皆是良知之用,不可分别善恶,但不可有所着;七情有着,俱谓之欲。"③这与所谓

<hr />

① 何良俊:《四友斋丛说》,中华书局1983年版,第322页。何良俊记载聂双江事件很多,且多为赞赏钦佩之词,所以这一件事很难认为是何氏无中生有。
② 《王阳明全集》,上海古籍出版社1992年版,第78页。
③ 同上书,第60页。

"情顺万物而无情"是相近的意思。然而"七情顺其自然之流行",可以理解为心体本明,良知自然发用下的情之感发,但是也可以理解为情之无所拘束。所谓不要"有所着",那么度又如何掌握呢?没有明确的解释,则就为情欲的合理性留下了解释的空间。欧阳德就指出:"无所住而生其心之说,若善用之,即是情顺万物而无情。情顺万物而无情之说,苟不善用,即流于猖狂自恣。"①欧阳德对此之理解,说明情顺万物而无情确实存在着任情之可能。而且,王阳明在这段话里,对于情之有无还与他对"情多为过"的认识存在差别。② 这里的"七情之自然流行"符合良知之用,"自然流行"当然是指已发而言非未发。已发既然是良知之用,那么与前面提及的七情所感,多只是过;只是在未发之时才是中,才是良知本体,也就不相一致。阳明对于情的认识,既承认其为固有,时而以为此种之固有,原为"一过不留",当其有所感时,它是有;当其无所感时,它是无。时而又认为当其未发之时,已如日光之无所不在。他承认情之存在,并不是"一过不留"的无。他时而认为情顺万物而无情,就是说七情之自然发用流行自合于良知;时而认为七情之发流行多只是过,要认为的节制,要无所着。无所着,就是要无过不及,主要是无过要适中。但是什么为适中,如何能做到适中,适中与不适中的界限何在,这都是王阳明没有解决的问题。既然"七情之自然流行"皆是良知之用,那么对于这个界限,也就存在多种解读的可能性。事实上,王门后学对情欲作出了不同的解释。陈明水言:"故君子之学,求喜怒哀乐中节而已。节也者,非有预定之式可以求诸师友简册而得也,吾心昭然权度,随事著见,有不可过焉者,所谓帝之则也。"③这里所谓的"帝之则"自然是指天理而言,然而按照王学的解释,天理者,人心也。情也需要人心的控制,然而如上所述,人心之良既为天理

---

① 《欧阳德文集》,凤凰出版社 2007 年版,第 27 页。
② 《王阳明全集》,上海古籍出版社 1992 年版,第 23 页。
③ 陈明水:《明水陈先生文集》,《四库全书》,第 12 页。

又是判断是非之标准。在情之控制上,则情既为人心之所发,则自然为人心所控制。而人心受天质的影响,又容易受到物欲之遮蔽,则情之发自然容易"过"与"不及"。

其实如果仅仅是对情欲的解释有一定的空间,尚可以用良知来制约过与不及的情欲,毕竟王阳明对天理和人欲的对立还是很重视的,并且在实践上王阳明也是充分做到了心与理的合一。良知作为判断是非的标准,自然与主体的道德意识和道德能力息息相关,因此个体良知的呈露程度,也就是王阳明所谓的去人欲的程度,对个人的道德判断起了至关重要的作用,这就必须强调去除对心体的种种遮蔽的过程,也就是致良知的功夫。然而,阳明后学却将良知的呈露看得太容易。这种现象在阳明生前已经出现,而且阳明本人也对此提出批评:"近时同志亦已无不知有致良知之说,然能于此实用功者绝少,皆缘见的良知未真,又将致字看得太易了,是以多有未得力处。"①见的良知未真,是对良知的理解有误;将致字看得太易则是功夫未到,其实这是无法掌握良知的两个相互作用的方面。这段话也告诉我们,即使见的良知真了,也不见得就可以掌握良知了,提出现成良知说的王畿就是一个显例。

王龙溪对师门良知本体说之理解可谓得阳明之真传。龙溪也认为良知得自天授,良知人人具足,不假于外,同时良知无分内外。然而,正如我们上面已经指出的那样,王阳明对良知的规定是双向的,包括本然的良知和自觉的良知,本然的良知是人人自有的,但是要从本然的良知达到自觉的良知,必须经历一个致良知的过程。然而,王畿似乎并没有认识到这个过程的重要性。他在与罗念庵的辩论中说:"若必以为见在良知与尧舜不同,必待工夫修证而后可得,则未免矫枉之过。曾谓昭昭之天与广大之天有差别否?"②这个问题乍看起来似乎

---

① 《王阳明全集》,上海古籍出版社1992年版,第221页。
② 黄宗羲:《明儒学案》,中华书局2008年版,第274页。

很与王阳明的良知天授之说相符合,然而具体到道德修养上,圣人的"随心所欲不逾矩"真的和愚夫愚妇日用而不知是一样的境界吗?王阳明对此已经给我们提供了答案:"然学起立移步,便是学步趋庭除之始,学步趋庭除,便是学奔走往来于数千里之基,固非二事,但其工夫之难易则相去悬绝矣。"①虽然王阳明在这里是批评聂双江偏重工夫和对良知本体的重视不够,但是在这句话中也可以让我们认识到:王阳明毕竟是认为工夫对良知本体的获得是有重要作用的。而且在王阳明看来,致良知是一个永无休止的过程,"人若真是切己,用功不已,则此心天理之精微日见一日。""道无精粗,人之所见有精粗。如这一间房,人初进来见一个大规模;如此处久,便柱壁之类,一一看的明白;再久如柱上有些文藻都细细看出来,然只是一间房。"②可见,在王阳明看来良知本身虽无精粗,但是人对良知的体认是有精粗之分的,只有用功不已才可以更加好地理解掌握良知:这就是王阳明的工夫。反观王龙溪的说法,他似乎是以本然明觉与后天自觉相提并论从而论证良知的天赋性:"吾之目遇色自能辨青黄,是万物之色备于目也;吾之耳遇声自能辨清浊,是万物之声备于耳也;吾心之良知遇父自能知孝,遇兄自能知弟,遇君上自能知敬,遇孺子入井自能之怵惕,……推之为五常,扩之为百行,万物之变不可胜穷,无不有以应之,是万物之变,备于吾之良知而已。"③个体的生理机能比如耳之听、目之视等可以说完全是个体的生理机能,与社会他人无关。然而良知更多强调的是一种道德警示作用,道德乃是社会大众经过长时期形成的。个体对道德的承认和接纳虽然与个人的成长经历和道德情感有关,但主要是在与社会和他们的交往中,在教育的过程中获得的。这不是一种先天生理的过程,而是一种后天心理的过程。因此,王畿的这段话在学理上是强调

---

① 《王阳明全集》,中华书局 2008 年版,第 45 页。
② 同上书,第 20 页。
③ 黄宗羲:《明儒学案》,中华书局 2008 年版,第 274 页。

了王阳明的良知吾性自足的说法,但是实际上是过分强调了良知的先天性,并且在一定程度上牺牲了良知的过程性和对工夫的强调。其实良知的天赋性被过分提高之后,随之而来的一个结果就是道德警示意义的削弱。王畿的"无善无恶"说便是一个表现。王畿的悟性在阳明后学中可以说是最好的,他指出心体乃是"无善无恶"。这主要是指"心"不着于善不着于恶,也就是不起意,就像指南针一样,指南针本身没有南北,却可以指出南北的方向。但是,这种境界的获得有一个前提条件就是必须充分认识到良知判断善恶的作用和良知的过程性。良知判断善恶的作用之所以重要,是因为人心会受到遮蔽和沾染,就像指南针会受到外力的干扰而无法正确指示南北一样,受到了遮蔽和沾染的人心是无法按照道德原则行事的。在这种情况下,还强调心无善无恶会导致顺意而行,就会出现违背道德的结果。之所以必须强调良知的过程性是因为个体对良知的体认有偏有全,既然如此,则在对良知体认不全的情况下,对可作好可作恶的意的认识就不足,也会导致善恶交杂的情况。顾宪成之弟子史梦麟对此概括得最为精当:"天下有现成之良知,无现成之圣人。"正是在过分强调良知的前提下,王畿将这两点混淆了。同时,王畿强调自信本心的重要性:"知者心之本体。所谓是非之心,人皆有之。是非本明,不须假借,随感而应,莫非自然。圣贤之学,惟自信的及,是是非非不从外来。故自信而是,断然必行,……自信而非,断然必不行。"①这是对自信本心的描述。在这里,王畿还是犯了强调本体的天然自足而忽视工夫的错误。现成良知发展下来,可能与佛教作用见性相似的效果,邹元标言:"有饭在此,儒会吃,释也会吃,既然会吃,总之皆可以治天下。"

与程朱相同,王阳明也认为心之所发为意,由于人心有遮蔽沾染,于是意乃是有善有恶的。也是与程朱相同,王阳明认为人欲对天理起

---

① 黄宗羲:《明儒学案》,中华书局 2008 年版,第 277 页。

到了阻碍的作用。只是程朱认为，气质与气质之性对天理之性造成了天然的危害。而王阳明在这一点上不同意程朱的说法，在论述性与气的关系时，王阳明指出："程子谓：'论性不论气不备，论气不论性不全。'亦是为学者各认一边，只是如此说。若见得自性明白时，气即是性，性即是气，原无性、气之分也。"①性与气的区别在程子看来，其重要程度不亚于理与欲的分别，因为这对概念是程朱理学解释善恶产生原因的重要论述。但是，王阳明却认为只要认识了良知本体，则气与性是无分别的。王阳明也是认为性即理的，从这个逻辑推导下去，则气质和气质之性都可以转化为义理和义理之性。② 同时，气质与义理又和天理与人欲的紧密相连，气质与义理无别很容易滑入天理与人欲对立的消除。刘宗周的弟子陈确便是由此论述天理与人欲的合一，黄宗羲在批评陈确时指出："老兄言：'周子无欲之教，不禅而禅，吾儒只言寡欲耳，人心本无所谓天理，天理正从人欲中见，人欲恰好处即天理也。向无人欲，则亦无天理之可言矣。'老兄此言，从先师人心即道心之本心，义理之性即气质之性之本性，离气质无所谓性而来。然以之言气质、言人心则可，以之言人欲则不可。气质、人心是浑然流行之体，公共之物也；人欲是落在方所，一人之私也。"③可见，陈确正是由气质之性与天理之性对立的消除滑入到天理与人欲对立的消解。虽然，黄宗羲在这里还是站在其师的角度上，认为"气质""人心"属公领域，而"人欲"属私领域，但是，如果还从公私角度上说，气质也是个人的，如何保证个人的气质符合公共的义理？ 这也是黄宗羲没有回答的问题。王阳明之后，王学后门还有很多人论述气质之性与义理之性、道心与人心的关系。有认理气无异者："理气无彼此，无异同，无偏全，总

---

① 《王阳明全集》，上海古籍出版社 1992 年版，第 83 页。
② 程朱也强调要变化气质，然而认为极难。而他们更重视的是存天理去人欲，似乎认为气质之性和义理之性的对立，很难以消除。
③ 黄宗羲著，陈乃乾编：《黄梨洲文集》，中华书局 1979 年版，第 442 页。

是太虚影子……气外别无情理处";有认恶亦是性者:"天理人欲,从子思中庸看来,只于中与太过不及别之,中是此物,过是此物,不及亦是此物,学者只致其中,则天理自存。岂其中在是,而又有太过不及二者退于两旁之理? 固曰恶亦不可不谓之性。"有认气质之性与义理之性合一者:"夫人不能离气质以有生,性不能外气质以别赋也。谓气即性,性即气,浑然无别,固不可谓气之外有性,性之外有气,不免裂性与气而二之,何怪其分天地之性、气质之性,而自二其性哉!"有认天理、人情为一者:"天理人情,本非有二,但天理无可捉摸,须于人情验之,故不若只就人情为言,虽愚夫愚妇亦可易晓。"又有谓:"气又阴阳五行,杂糅不一者,……故言心即言性……性无弗善,后虽泊于气质,存之则复善矣。由是观之,性是性,气质是气质,又乌有气质之性哉?"①可见,在对天理人欲的关系上,当时已经出现了不同于程朱和王阳明的思想,而且这些思想表现的范围很广,已经成为了当时学人的共识。但是,在天理气质、人心道心的关系上,最为系统、最为彻底的是刘宗周。

在理与气的关系中,刘宗周认为"气"在"理"先:"盈天地间,一气而已矣。有气斯有数,有数斯有象,有象斯有名,有名斯有物,有物斯有性,有性斯有道,故道其后起也。"②这从宇宙论上讲,是一种气本论,也正是因为刘宗周的这种宇宙观和生成论,因此,在论述天理与气质的关系之时,刘宗周还是落到了"物质"的一方。"理即是气之理,断然不在气先,不在气外。知此,则知道心即人心之本心,义理之性即气质之本性。"③这种说法,正是明代社会与经济的发展,传统观念发生变化之后,对于学术思想影响的体现。明末社会的变化至深且巨,特别是

---

① 分见黄宗羲:《明儒学案》,中华书局 2008 年版,第 228 页,唐枢;第 720 页,杨豫孙;第 664 页,章潢;第 750 页,尤时熙;第 599 页,胡直。
② 黄宗羲:《明儒学案》,中华书局 2008 年版,第 899 页。
③ 同上书,第 900 页。

商品经济的发展,不但使时人对于物质的追求看成了天经地义,而且对传统的士农工商的排序产生了质疑。王阳明在《节庵方公墓表》中说:"阳明子曰:'古者四民异业而同道,其尽心焉,一也。士以修治,农以具养,工以利器,商以通货,各就其资之所近,力之所及者而业焉,以求尽其心。其归要在于有益于生人之道,则一而已。士农以其尽心于修治具养者,而利器通货犹其士与农也。工商以其尽心于利器通货者,而修治具养,犹其工与农也。故曰:四民异业而同道。'"①可见,传统认为商人牟利为士人不齿观点,已经无法符合当时人的观念,同时也反映士人对治生的重视。商人为什么在当时会受到重视呢? 恐怕是因为:第一,王学本来就是有教无类的,即使身为商贾但由于良知人人具足,则商人在经商过程中只要依良知而行,仍然不失为求圣贤。这样传统认为的只有士大夫才可以成圣成贤的观点就受到了冲击。王艮的学生王栋言:"自古农工商贾虽不同,然人人皆可共学。……天生我师崛起海滨,慨然独悟,直起孔孟,直指人心,然后愚夫俗子不识一字之人皆知自性自灵,自完自足,不假见闻,不烦口耳。而二千年不传之消息,一朝复明。"正是反映了这种思想;第二,是商品经济的发展,社会崇尚奢侈之风,而商人在这方面具有得天独厚的优势。并且商人自身有余力研习学术,可以资助其子弟读书,因此商人的作用受到了人们的重视。而商人在晚明繁华的过程中扮演了重要的角色。商业的发展、社会的繁荣,更是引起了人们对情欲的重视。刘宗周在论述人性时,不能不受当时观念变化的影响,而这个影响最重要的就是承认人性中本然存在的情与欲。他说:"心之官则思,思则睿,睿作圣。思本无邪,其卒流于邪者,勿思耳。以为思欲无邪,非也。思无邪者,闲邪之学也。诗以理性情,人心之情本正,何邪之有?"②在程朱看来,人心由于落于气质,本身受到气质的影响,则自然有善有恶,其"恶"是

① 《王阳明全集》,上海古籍出版社1992年版,第468页。
② 黄宗羲:《明儒学案》,中华书局2008年版,第984页。

需要克服的，而气质则是需要改变的。而刘宗周的这句话的意思很清楚，人心之情乃是人所本有，无所谓邪与正。正像论述人性一样，人性中之恶乃是性，人之气质偏全清浊也是气质之本有，无法消除，这种无法消除本身也就是人性。既然如此，那么气质也好、人情也罢都是无法回避的，所谓变化气质，只能是对柔弱的气质变得温和，暴躁的气质变得刚强而已，而要想将所有不同的气质都转为中和，则是几乎不可能的。也正是由于人性本身存在的各种限制是无法改变的，所以情与欲的产生也是无法避免的，只能是将情与欲控制在合理范围之内。同时刘宗周虽然承认了情欲的合理性，但是同时也更重视天理对人欲的限制，所谓："人心惟危，道心惟微。道心即在人心中看出，始见得心性一而二，二而一。然学者工夫不得不向危处做起，是就至粗处求精，至纷处求一，至偏倚处求中也。"①可见，刘宗周做的是一种沙里拣金的工夫，而不是顺情遂欲。然而，需要指出的是，当时并不是所有人都可以做到这种程度，后来被作为名教罪人批判的李贽就被当作了顺情遂欲的典型。

李贽反对当时依然在人们的思想控制中起到重要作用的、已经僵化为教条的程朱理学，因此他提倡为人之"真"。只是这种"真"的标准是什么？李贽没有解决这个问题，因此他的言论在当时主要起到了解放思想的作用，却也造成了思想的混乱，这也是他在后来遭到批判的原因。唐伯元在对李卓吾的记述中说："近世儒者动称一体，而侈慕过化，此不可以欺人，止欺己耳。……为今之学，未有不欺己者，其原生于以本体求道，而陋见闻，拙践修耳。李道人(指李卓吾)名震湖泽之上，颇闻其旨。主不欺，志在救时，可为独造。独其人似过于方外，寡渊默之思，露刚狭之象，未言化俗，先碍保身，……"②可见，在当时比较了解李贽的一些人看来，卓吾之所以求真，就是因为当时的学者自

---

① 黄宗羲：《明儒学案》，中华书局 2008 年版，第 895 页。
② 同上书，第 315 页。

欺欺人,这引起了性格刚烈而猵狭的李贽的反感。那么,这种自欺欺人主要体现在哪里呢? 从李贽与耿天台的辩论中我们可以略见一二:"试观公之行事,殊无甚异于人者。人尽如此,我亦如此,公亦如此。自朝至暮,自有知识以至今日,……种种日用,皆为自己身家计虑,无一厘为人谋者。及乎开口谈学,便说尔为自己,我为他人,尔为自私,我欲利他;我怜东家之饥矣,又思西家之寒难可忍也;某等肯上门教人矣,是孔孟之志也,某等不肯会人,是自私自利之徒也;某等行虽不谨,而肯与人为善,某等行虽端谨,而好以佛法害人。以此而观,所讲者未必公之所行,所行者又公之所不讲,其与言顾行,行顾言者何异乎?"①从李贽的生平来看,他在与耿天台争论之前,一直是韬光养晦,在安顿身心上努力,但是在耿定理去世,遭到耿定向"教坏子孙"的指责之后,可能是一直看到了耿定向及其他学者的言行不一,李贽再也掩饰不住内心对当时整个学术界的不满,他就爆发了,从此他就一直以追求性情之真作为努力的目标,并写下了著名的《童心说》。"童心"在李贽看来就是人最初的本心:"童心者,心之初也。"这样看来,与良知相比较,童心就是没有受到遮蔽和沾染的本心。童心是如何失去的呢? 李贽回答说:"盖方其始也,有闻见从耳目而入,而以为主于其内而童心失。其长也,有道理从闻见而入,而以为主于其内而童心失。其久也,道理闻见日以益多,则所知所觉日以益广,于是焉又知美名之可好也,而务欲以扬之而童心失,知不美之名之可丑也,而务欲以盖之,而童心失。"②如果我们从人类社会的发展进程来看,道理闻见是不可或缺的,这些道理闻见是在社会发展过程中一代代地积累起来的,正是这些道理闻见使得人们在社会交往过程中有了共同遵循的原理和准则,也正是在这些道理闻见的指导之下,使得社会在法律之外有了更深层的人际关系。然而,李贽并不是完全反对这些道理闻见,他说:"夫道理闻

① 李贽:《焚书》,中华书局 1975 年版,第 30 页。
② 同上书,第 98 页。

见,皆自多读书识义理而来也。古之圣人,何尝不读书哉?然纵不读书,童心故自在也,纵多读书,亦以护此童心而使之勿失焉耳,非若学者反以多读书识义理而反障之也。"因此,在李贽看来,当时学者的错误不在于多识"道理闻见",而是因为他们生吞活剥这些道理闻见使本来用以维护童心的道理闻见成了童心的障碍。当童心被这些道理闻见遮蔽之后,则言与行都不是童心所发,而是为了符合这些道理闻见而发,甚至这些人所言所行都是道理闻见,而非出自本心。正是这种本心的要求,使得李贽发出:"故吾因是而有感于童心者之自文也,更说甚么《六经》,更说甚么孔孟乎?"①可见,李贽的童心和王阳明的良知都是在破除权威的基础上而提出的,王阳明也认为理乃天下之公理,非程朱可得而专,亦非孔孟可得而专。只是,李贽忽视了个人的特殊性和社会的普遍性之间的关系。假设人之初心都是相同的,但个人的这种初心由于个人经历和性格的不同,肯定会发生不同的改变。特别是在明末这样一个物质诉求远远高于前代的社会,重新恢复童心更是难上加难。在这种情况之下外在规范自然会发挥无可替代的作用。并且,在这样的社会风气中,物欲和情欲融入到人们的思想中太深,以至于一般人甚至部分学者对情欲和物欲的认识与前代学者很不相同,在某种程度上,情欲和物欲就成了"童心"的一部分。我们从李贽自身的言论就可以看出这种端倪,比如,他将"舜之好察迩言"的"迩言"解释为:"好货好色,如多积金宝,如多买田宅为子孙谋,博求风水为儿孙福荫,凡世间一切治生产业等事,皆其所好而共习,共知而共言者,是真迩言也。"②可见,在李贽看来,好货好色等人之常情成为其童心说之不可或缺的一部分,这一部分在童心中究竟占多少?这是李贽所没有说明的,只是只要在所谓"人之初心"中加入对情欲物欲的追求则必然导致一个结果就是:追求财货名利成为合于天理的作为。这样天理与

---

① 李贽:《焚书》,中华书局 1975 年版,第 99 页。
② 同上书,第 39 页。

人情的界限便变得模糊,在某种程度上就鼓励和刺激了对情欲的追求。

第三节 "日用常行"与"慎独""意根"
——王学内部的反思

任何一种学说在其发展过程中,自然会出现分化,其原因很多,但是其中重要的一个原因就是由于后学的资质和经历的不同而导致其对学说创立者的理解不同,这种分化在阳明心学的发展过程中产生了。而且其分化是比较巨大的,甚至对阳明学说的核心—"良知"也产生了动摇性的影响。随着明末朱学的重新兴起和明清鼎革,王学终至衰落。按照对良知体认方式的不同,这些分化可以分为:以钱德洪、邹守益为代表的工夫派、以罗洪先、聂豹为代表的归寂派和以王畿与泰州学派为代表的现成派。至刘宗周又进一步将良知内化,提出"慎独"和"意根",终于使心学达到退无可退的地步。刘宗周慎独和意根的提出正是针对上述各种王学的变化而来,这些变化表明了王学的发展和兴盛,但是这种兴盛正像正午的太阳,也是开始衰落的标志。而王学发展到刘宗周时也可见王学已经进入了死胡同,无法再进一步了。同时,刘宗周将王学更进一步向内心发展,这与当时儒学的日用常行化是背道而驰的。这也说明了一味向内的王门后学无法发展的原因。

王阳明的《年谱》曾记载:"某于此良知之说,从百死千难中得来,不得已与人一口说尽,只恐学者得之容易,把作一种光景玩弄,不实用功,负此知耳。"因此,要想真正致良知必须实用其功。从这一点上来说,工夫派是符合王阳明致良知的原意的。在这一点上,邹守益可谓得王阳明的真传。黄宗羲在《明儒学案》中论及邹守益:"先生之学,得力于敬。敬也者,良知之精明,而不杂以尘俗者也。吾性体行于日用伦物之中，不分动静，不舍昼夜，无有停机。流行之合宜处谓之善，其障碍而壅塞处谓之不善。盖一忘戒惧，则障碍而壅塞矣。……离却戒慎恐惧，无从觅性；离却性，亦无从觅日用伦物也。"①但是，这里的"敬"和程朱的敬是不同的，这里的"敬"主要是指使良知本体不沾染于物欲，保持其清明洁净的状态。这里更值得重视的是，所谓"离却戒慎恐惧，无从觅性，离却性，亦无从觅日用伦物"一语。重视日用伦物的作用是工夫派的一个重要特征。之所以重视日用伦物，是因为工夫派认为，良知并不是悬空存在的，而是体现在主体与客体的作用之中，如果没有客体，则主体良知也无法存在。欧阳德言："人心天命之本然，所谓良知者也。良知至简至易，而其用至博。若孝亲敬长，仁民爱物之类，千变万化而不可胜穷，而其实一良知而已。故简而未尝不繁，而繁即所以为简，非有二也。"②这里要说明的是，一方面良知体现于万事万物之中；另一方面，万事万物中都是良知的体现。这就是良知在主体活动中的表现，邹守益说："良知之明，蒸民所同，……不倚不尚，本体呈露。宣之为文章，措之为政事。"③因此，工夫派主要是在本体与客体的作用中将主体活动与良知的呈露强化了出来。他们认为，只有通过主体对客体的作用，才能使良知真正地发生作用，而主体也才可以真正掌握良知。欧阳德有一句话将良知与主客体之间的关系表达得更为清楚："夫人所以为天地之心，万物之灵者，以其良知也。故随其位分日履，大之而观天察地，通神明，育万物；小之而用天因地，制节谨度，以养父母，莫非良知之用。离却天地人物，则无所谓视听思虑感应酬酢之日履，亦无所谓良知矣。"④这里所谓的日履，是指主体对客体的各种作用，主要是指各种道德行为。良知在主客体的关系中，主要是

---

① 黄宗羲：《明儒学案》，中华书局 2008 年版，第 381 页。
② 《欧阳德集》，凤凰出版社 2007 年版，第 23 页。
③ 《邹守益集》，凤凰出版社 2007 年版，第 13 页。
④ 《欧阳德集》，凤凰出版社 2007 年版，第 23 页。

能够保证主体的行为符合道德规范和伦理原则，这就是良知具体内容的表现；同时，由于只有在日履过程中良知才得以具体表现，因此，没有主体与客体的相互作用，则良知也无从表现。这正是工夫派重视日用常行，重视日履的原因。虽然这很明显是从王阳明的离了天地万物也没有人的良知而来，但是工夫派将主客体之间的关系更为突出了，而且也更强调了良知的过程性。

由于强调良知与日履的关系，因此工夫派重视日常的修养。同时，与现成良知派不同，工夫派的学者不认为当下呈现即良知，邹守益即是如此。与王阳明相同，邹守益认为良知会受到遮蔽和沾染，这种遮蔽和沾染的产生主要是以下的原因：第一，人习气不同，使对良知的体认有过与不及之弊："夫知其恶与中者，将非子之良知乎？易而至之，将非子之致良知乎？……其有弗能者，则气习累之耳"。① 第二，物欲对良知的牵引："是是非非，若黑白甘苦，谓心不能知是非，诬其心者也。夫以心体之同也，则咸宜趋于善也，而或以入于恶者，物欲病之也"。② 第三乃是逐外之学："世之没溺于辞章，模仿于事功，勤苦于著述，症候虽异，以耗元精而滋痼毒。"③ 从邹守益总结的这三种对良知造成负面影响的元素来看，这三种因素都实实在在存在于主客体关系中，并不是像程朱强调的气质之性等由几乎无法改变的天生因素决定的，这也正是邹守益强调在生活实践中趋善去恶的原因吧。从邹守益的文集中可以看出，邹守益对良知本体的考量只是遵循王阳明的学说，却很少发展，比如他不承认罗念庵、聂双江良知现成而意图在良知之上再寻良知之所以为良知的原因。但是，在日用常行方面邹守益比乃师更进一步，如果说泰州学派是从平民意识的角度重视日用，邹守益则在学者的角度上对此给予了充分的重视。首先我们认为，邹守益

① 《邹守益集》，凤凰出版社 2007 年版，第 42 页。
② 同上书，第 47 页。
③ 同上书，第 64 页。

具有强烈的天下万物一体的思想，同时又认识到万物一体本身就是包含很多的不同事物，这些个体的事物都得其正，则天下国家自然归于儒家秩序之中了，因此，邹守益强调个体的修养。同时这种个体不仅是指个人，延伸到政治上则乡县州府家国天下也是同样的道理："东廓子获请业焉，喜曰：夫教于乡者，其知一体之学乎！乡鄙合而为邦国，邦国合而为天下。若指于胫，胫于股，股于腰，精气恒相贯，而命脉常相系。故古之善教天下者，必自乡始。"①同理可推，个人的道德修养，必须从细行做起。也正是在这种意义上，邹守益反对王畿的过为高论，"玄虚而荡"的弊病，同时也反对罗念庵、聂双江割裂本体与工夫，虚寂求理而落入脱离实际的弊端。对于王龙溪，邹守益以为他的错误在于完全没有区分本然良知与自觉良知的区别，甚至以自然的情识代替良知。在《答聂双江文蔚》一书中，邹守益说："越中之论，诚有过高者，忘言绝意之辨，向亦骇之。及卧病江干，获从绪山龙溪，渐以平实。其明透警发处，受教甚多。夫乾乾不息之诚，所以致良知也；惩忿窒欲，迁善改过，皆致良知之条目也。……若忿欲之功不加惩窒，而曰本体原自流行，是不决不排而望放于海也。苟认定惩窒为治性之功，而不察流行之体原不可以人力加损，则亦非行所无事之旨矣。"②东廓在此对王畿和聂双江都提出了批评。以良知为毋庸修养而情识流行皆为良知之发用，是王龙溪的观点。龙溪致力于现成良知的提倡，认后天工夫为多余。这是重视后天修养，认为良知只有在主客体的感应过程中才能体现的邹守益无法接受的，所谓"越中之论……渐以平实"，只是指王畿已经渐渐意识到其学说的局限性，其人其学渐归平实，而不是说邹守益接受了王畿的学说。而所谓"不察流行之体原不可以人力加损，则亦非行所无事之旨"者，乃是说归寂派的聂双江、罗洪先等人由于其自身并没有亲炙于阳明，因此其对良知的理解还是隔了一

① 《邹守益集》，凤凰出版社2007年版，第58页。
② 同上书，第494页。

层;特别是由于王畿和泰州学派等过分拔高良知的天授性,认为良知的显现是一蹴而就的,混淆了理性思维和感性欲望的界限,以至于出现满大街皆是圣人,以情识为良知的情况,因此,二人对良知本身产生了怀疑,并意图在良知之上,再找到良知的内在规定性。这就从根本上偏离了王阳明的良知无内无外,既是道德本体自身,也是道德判断标准这一根本规定,这也是邹守益所不能承认的。邹守益自身就是在承认良知根本性的基础上进行修身的,他虽然认为良知必然要体现在日用常行之中,但是他并没有以日用常行来代替良知:"孩提知爱,及长知敬,明德之本体,蒸民所同也,充其爱则为孝;充其敬则为弟。其谁争之而谁御之?"可见,在东廓看来,爱敬等道德原则都是良知所固有的,而这些道德也并不是人禀受之初便完美或欠缺的,需要经过一个"充"的过程,这个过程就是王阳明所谓的致良知的过程。只有经过了致良知的过程,则爱敬等才能转化为孝悌等,才能符合整个社会的道德规范,否则,爱敬也会流于"私"的一面,王阳明说:"父之爱子,自是至情,然天理亦自有个中和处,过即是私意。"①

也正是因为东廓重视庸言之信、庸行之谨,因此东廓重视"礼"在人们日常生活中的作用。在他看来礼乃是内在于人心,而非强加于人身的:"千古圣哲,建学立教,一是以中和为的。典乐之教,直欲其温,宽欲其无栗……声为律而身为度,无体之礼,无声之乐,肃肃雍雍,与天地同流。上律下袭,祖述而宪章之,曰智曰不欲曰勇曰艺,随其材质而文以礼乐。礼乐者,非自外也,中和而已矣。"②可见,在东廓看来礼乐之作用不仅仅是观其威仪,而是因为人材质有偏,通过礼乐纠正偏颇至于中和。类似的思想我们也可以在王阳明那里看到,《传习录》载:"马子莘问:'修道之教,旧说圣人品节吾性之固有,以为法于天下,若礼乐刑政之属,此意如何?'先生曰:'道即命。本是完完全全,增减

---

① 《王阳明全集》,上海古籍出版社 1992 年版,第 13 页。
② 《袁郡重修儒学门记》,《邹守益集》,凤凰出版社 2007 年版,第 250 页。

不得,不假修饰的。何须要圣人品节?却成不完全的物件。'""若只是那仪节扮的得当,便谓至善,即如今扮戏子,扮的许多温清奉养的仪节是当,亦可谓至善矣!"①阳明心学在其传播过程中,遇到了很多的阻力,其中最大的阻力来自于朱学。而朱学是比较重视礼乐刑政的,特别是朱学发展到明中期,对于义理的探讨已经不是学者主要的目的,反倒是朱熹致力较多的礼乐刑政等成为学者竞相追求的目标。因此,王阳明在施教和推广其学说之时,不得不强调礼乐为外而义理为内。我们不能就此认为王阳明不重视礼乐刑政,而应该是他更重视义理对礼乐内在的支持作用。只有义理纯熟,礼乐刑政才会由心而发不勉强,否则只是循其虚文而已。到了邹守益时期,良知之学遍天下,邹守益面临的主要问题已经不是如何推广良知而是如何使良知不偏离王阳明的学说。因此,他必须消除归寂派和现成派对王学造成的不利影响。他更为重视良知展开于万事万物的过程性,因此他更强调规范个人行为的礼仪,甚至在礼之解说上与朱子相似:"昔者孔颜之授受,千圣心法之要也,而其言曰:'克己复礼为仁',其目曰非礼勿视听言动。己也者,气习之偏也;礼也者,天然自有之中也。去其气习之偏,无或过焉,无或不及焉,以适于中行,则希圣希天之功全矣。"②而朱熹《四书章句集注》如此解释"克己复礼":"己,谓身之私欲也,礼,天理之节文……盖心之全德莫非天理,而亦不能不坏于人欲。故为仁者必有以胜私欲而复于礼,则事皆天理,而本心之德复全于我矣。"将"己"解释为"私欲",在情欲说流行的中晚明,是受到了很多批评的。但是邹守益在此将"己"解作气习之偏,恐怕也是将当时已经普遍承认的合理的"欲"转化为比较不会受到非议的气习而已。毕竟,气习也是先天而来的。一般承认了气、情与欲的合理性的学者都是认为"习"才是造成不善的罪魁祸首,而很少认为气也是不善的原因。陈确在《气情才辨》中

---

① 《王阳明全集》,上海古籍出版社 1991 年版,第 37 页。
② 《邹守益集》,凤凰出版社 2007 年版,第 315 页。

便认为,气也是善的:"性之善不可见,分见于气情才。情才与气,皆性之良能也。"①其实,如上所论,王阳明也是承认人的气质先天不同,所以有生知安行与困知勉行之异,后来王学的发展才将气与情才等都视作善的因素,从这一角度看,邹守益的说法更符合王阳明的思想。承认了人气质先天有过于不及的存在,则在承认良知的前提之下,更有了实际用功的空间,而正是在运用工夫的过程中,良知逐渐表现出来并不断发展。日用工夫无穷无尽,虽然有良知的指导,但是良知毕竟不是在其最初就完善的:"门人有言邵端峰论童子不能格物,只教以洒扫应对之说。先生(王阳明)曰:'洒扫应对就是一件物。童子良知只到此,便教去洒扫应对,就是致他这一点良知。……我这里言格物,自童子以至圣人,皆是此等工夫。但圣人格物,便更熟得些子,不消费力。'"可见,童子要想达到圣人的良知,还需要经历漫长的致的过程。"礼"的引入使得在良知还没有纯熟的情况之下,起到规范行为的作用。同时礼对良知的培养也不无裨益,邹守益言:"予尝受业于阳明先生,获见虔州之教,聚童子数百而习诗礼,洋洋乎雅颂威仪之隆也。……窃叹人性之善,无不可教。……比官广德,躬率诸子及童子习礼于学,虽毁齿之童,周旋规矩,雍容可观,因益以自信。"②虽然,邹守益还是以人性之善作为行礼之前提,但是礼对于人习气之影响还是他要着重强调的。

对日用常行的强调、对礼的重视,绝不是邹守益学说的全部,他还是以良知的天然固有为其学说的根本,甚至在论述礼、戒慎恐惧之时,都是以良知作为不言而喻的理论基础。但是,与现成派和归寂派相比,号称王学宗子的邹守益重视外在力量对内在良知的重要性,毕竟是令人值得注意的。这说明王学已经在其发展过程中注重理论和实践的结合(当然这是王学的题中应有之义),特别是对良知作为道德判断标准时的种种问题作出了一定的改变。邹守益本身承认良知是判

①　《气情才辨》,《陈确集》,中华书局 1979 年版,第 452 页。
②　《邹守益集》,凤凰出版社 2007 年版,第 23 页。

断的标准:"良知之在人,犹轻重之有权,长短之有度也。"①但是,对识得良知透彻之人,良知自然可以用来规范自身,而对认良知未真,又不实下苦功之人来说,良知之权衡作用无法发挥,则良知反而成为恣情纵欲的借口。明末顺情姿欲的泛滥首先是因为明代社会的发展,物质文化的发达;而王学内部王畿的现成良知说和泰州学派对情欲的肯定也难辞其咎。

以明末生员为例来说明当时一般士子顺情纵欲的情况。"所谓生员,既可指中央国子监的'国学生员',更应指明代地方政府学校的学生,是一级科名的拥有者,俗称'秀才。'就功能与等级而言,它不同于举人、进士这些较高的科名。生员这种科名的获得,除了说明拥有者具有一定的学术成就的声望之外,也是读书士子日渐狭窄的仕进之途的开始"。② 明代生员之士风经历了一个从端谨到嚣张的过程。王丹丘《建业风俗记》言:"昔年文人墨士,虽不逮先辈,亦少涉猎。聚会之间,言辞彬彬可听。今我衣巾辈,徒诵诗文,而言谈之际,多杂乱不雅;""嘉靖中年以前,犹循礼法,见尊长,多执年幼礼。近来荡然,或与先辈抗衡,甚至遇尊长乘骑不下者。"③其实,对尊长和先辈的不尊敬可以从两方面看:第一,这是对权威的反抗。当王阳明提出理乃天下之公,非朱子可得而私、非孔子可得而私;李贽提出不以孔子之是非为是非的时候,对道德偶像的崇拜已经开始出现了裂缝。这使得士子和平民能够破除传统的束缚,打破阶级的限制,从而出现了很多平民学者,他们在社会教化中发挥了重要的作用,更多人得到了传统儒家的教化,韩贞就是其中的典型代表;第二,对偶像崇拜的破除,解放思想的同时,造成了思想上的空白。没有了可以追随的道德偶像,则对道德

---

① 《邹守益集》,凤凰出版社 2007 年版,第 62 页。
② 陈宝良:《明代儒学生员与地方社会》,中国社会科学出版社 2005 年版,第 1 页。
③ 《江宁县志》卷一《风俗》,《稀见中国地方志汇刊》,第 10 册,中国书店 1992 年版,第 485 页。

本身也产生了怀疑,而多以现实需要作为追求的目标。于是就出现了人心不古、士风时下的情况。一至明末,士风更是每况愈下。"师媚其生徒,邻媚其豪右。士媚其守令,乃至媚其胥吏,友媚其奔势走货之淫朋。"①可见,生员的目无尊长并不是完全以破除偶像为目的的,他们的尊与不尊,是以势力为转移的。道德偶像沦丧的负面作用在这里表露无遗。不止如此,生员还表现出"无赖化"倾向。② 正德《夔州府志》言:"生员如有滥窃衣巾,不务实学,知孤作养,甚或泼皮无赖,行止有亏,亟宜摈斥,何以优为?"③可见,在明代学校生员中,不乏泼皮无赖行止有亏之徒。不仅如此,生员还与地方无赖结交,共为不法:"今各镇市中有魁猾,领袖无赖子,开赌博,张骗局。社节出会,则奋身酿金钱,甚至贩盐窝盗,兴讹造言,无所不至。黠者又结衣冠为助,把柄在手,头绪甚多,流棍异说,可疑之人,因而附丽,显为民害,暗酿乱端。"④各地生员本来在学校中接受教育,应该是作为地方百姓的表率和道德的楷模。但是却沦落到结交匪类,为祸一方,则其时士风之坏可见一斑。而且从以上论述可以看出这些士子之所以堕落主要是为了谋利。士子之风气并不是自明初就败坏的,"宪孝两朝以前,士大夫尚未积聚,如周北野,其父舆为翰林编修,北野官至郎中,两世通显,而其家到底只是寒士;曹定庵其兄九峰举进士有文章,定庵官至宪副,弟时信亦京朝官,与李文正结社赋诗,门阀甚高,其业不过中人十家之产。""弘正间,闽俗淳厚,仕宦以富腴为耻。有洪都御史归,囊仅以五箧自随,其友郑阎鄙之,绝不与交。"⑤可见,明代士风的变化是从弘治、正德年间开始的,这与明代整个社会风气的变化相始终,也正与王学的兴起和

---

① 王夫之:《王船山诗文集》,中华书局 1983 年版,第 36 页。
② 陈宝良:《明代儒学生员与地方社会》,中国社会科学出版社 2005 年版,第 396 页。
③ 正德:《夔州府志》,上海古籍出版社 1982 年版,第 8 页。
④ 崇祯:《乌程县志》卷四《风俗》,《稀见中国地方志汇刊》,第 16 册,中国书店 1992 年版,第 905 页。
⑤ 何良俊:《四友斋丛说》,第 312 页;徐三重:《牖景录》卷下,《四库全书存目丛书》影印明刻本,子部第 106 页、第 123 页。

发展相伴随。当然,如果说士风的变化完全是王学的原因,这是不实之论,但是如果说这种变化与王学无关也是违心之说。更确切的说法应该是由于社会的变化,引起学术的发展,而学术的发展又推动了社会的变化。如上所论,对于这种变化一般儒家学者还是承认的,其主要表现就是对于气质和情欲的肯定。而对气质和情欲的肯定,正是当时明代社会的一个普遍现象。这种情况对学术的影响在哪里呢?"近世学者,猖狂自恣,往往以主静为禅学,主敬为迂学"。除了主静和主敬之外,心学中还有什么其他的方法来掌握良知呢?从当时的王门后学的分化来看,除了主敬的工夫派和主静的归寂派之外,就只有以现成良知为特色的王畿和泰州学派的现成派了。然而现成派的主要缺点就在于其缺少对工夫的强调。王畿言:"良知是天然之灵机,时时从天机运转。变化云为,自见天则,不须防检,不须穷索,何尝照管的,何尝照管不得。""知者心之本体。所谓是非之心,人皆有之。是非本明,不须假借,随感而应,莫非自然。圣贤之学,惟自信得及,是是非非不从外来。"①良知不须防检不须穷索,自然符合王阳明的学说。但是随感而应者,是指主体在与客体的相互作用之时,不进行理性思维而任感性发挥作用。感性在主体的思维活动中自然发生着重要的作用,主体在进行道德判断之时,其理性思维肯定要受到个人情感和生活经历的影响。这种影响包括情感倾向和个人习气等,特别是社会的整体风气对个人思想的影响会发挥至关重要的作用。因此,在道德判断的过程中感性意识对理性产生重要的制约作用。而理性则主要体现在整个社会的道德规范和伦理原则,在个人需要和社会规范之间产生冲突和矛盾时,就需要运用理性思维使个人的行为符合社会规范。如果像王畿所说只是"随感而应,莫非自然"则在感性思维与理性思维的交锋中,感性思维就有占据上风的可能,而感性思维多为个体的需求,很多

---

① 黄宗羲:《明儒学案》,中华书局 2008 年版,第 176 页。

时候难以适应整个社会的要求,于是就会出现猖狂自恣的情况。为了解决感性思维过于泛滥的情况,王学内部主要出现了两种纠正这种风气的学说,一种是以邹守益为代表的以敬为根本,在日用常行中重视戒慎恐惧的工夫,这一种可称为"发散型""外向型"。这种倾向在很多学者身上都可以看到。如:"学者不消说性体如是,只当说治性之功如何。""天理者,良知之条理,良知者,天理之精明。知觉不足以言之……离却天地万物,亦无所谓良知也;""天地万物,与吾原同一体,知吾与天地万物既同一体,则知人情物理要皆良知之用也;""物者意之实也,知者物之则也,故只在发见几微处用功致谨,即是达用,即是立本。"①上述学者都是重视良知的发用,希望在主体与客体的相互感应中体现良知,同时在这一过程中更好地掌握良知。另一种学者则重视良知本体的培养,而且这种培养体现在心体中,而不是在发用中,这一派的早期代表为罗念庵、聂双江,而其集大成者是刘宗周。

黄宗羲在《明儒学案》中说:"姚江之学,惟江右为得其传,东廓,念庵,两峰,双江其选也。""先生(罗洪先)于阳明之学,始而慕之,已而见其门下承领本体太易,亦遂疑之。及至功夫纯熟,而阳明进学次第洞然无间。天下学者,亦遂因先生之言,而后得阳明之真。"②然而,这种观点已经受到了很多学者的批评,主要原因就在于:从本体论的角度看来,念庵、双江并没有得到阳明之真传,甚至可以说此二人根本没有领会阳明良知学说的精髓。③念庵和双江二人都试图在良知之外另寻本体,而以良知为外。聂豹言:"以独为知,以知为知觉,遂使圣人细心藏秘一段反本工夫,潜引而袭之于外。纵使良知念念精明,亦只于发

---

① 黄宗羲:《明儒学案》,中华书局 2008 年版,第 373 页徐用简语、第 412 页欧阳德语、第 525 页何廷仁语。
② 黄宗羲:《明儒学案》,中华书局 2008 年版,第 377、447 页。
③ 参见牟宗三:《从陆象山到刘蕺山》,上海古籍出版社 2001 年版,第 134 页;刘述先:《黄宗羲心学的定位》,浙江古籍出版社 2005 年版,第 201 页。

处理会得一个善恶而去取之。"①在聂豹看来,良知只是人的知觉,是外在的,是本体的发用而非本体本身。确实,良知必须要在主体与客体的作用中才能够体现出来,离却天地万物则良知也无法表现,因此良知是离不开主体与外在客体的感应的。但是,这并不是说良知只有发用而没有本体。正如王阳明指出的那样:"良知无分于内外""天没有我的良知谁去仰它高,地没有我的良知谁去俯它深?"在主体与客体的感应过程中,良知并不是处于被动的地位,良知本身是处于天理流行,于穆不已的境界,是不分已发未发致中致和的。黄梨洲在论述欧阳南野观点时说:"先生之所谓良知,以知是知非之独知为据,其体无时不发,非未感以前别有未发之时。所谓未发者,盖即喜怒哀乐之发而指其有未发者,是已发未发与费隐显微通为一义。当时同门之言良知者,虽有浅深详略之不同,而绪山、龙溪、东廓、洛村、明水皆守已发未发非有二侯,致和即所以致中。独聂双江以归寂为宗,工夫在于致中,而和即应之,故同门环起难端,双江往复良苦。后遇念庵,则双江不自伤其孤另矣。"②良知无间于已发未发,致中致和,在王门后学中从来没有发生过问题。而双江致工夫于"中",即用工于本体,而其所认为之本体则为"静":"凡用功,似属乎动,而用功的主脑却是静根""人自婴儿以至老死,虽有动静语默之不同,然其大体莫非已发,气主之也。而立人极者,常主乎静。"③"静"者,乃聂双江认为的本体。而且在双江看来,静乃是良知发生作用的根本。因为,在阳明的学说中"知行合一"是其一直致力提倡的,而良知是在知行合一中表现出来的,而在知行合一的过程中良知也一步步得到呈现。如果一味主"静",则就割裂了动静的关系,主体良知与客体事物无法发生感应作用,则良知无法体现而事物也不能"事事物物各得其理"。因此,聂豹的学说偏离了王阳

---

① 　黄宗羲:《明儒学案》,中华书局 2008 年版,第 430 页。
② 　同上书,第 549 页。
③ 　同上书,第 436－437 页。

明的思想。念庵与聂豹同一思路，因此都受到了其他王门弟子的围攻。

牟宗三先生指出，罗念庵与聂双江"其所谓'无现成之良知'乃是因为体现工夫之艰难与无现成之圣人，遂误认当下呈现之良知本身亦不现成也"。① 可见，双江与念庵提出归寂，静中养出端倪，是因为"现成良知说"的泛滥，学者多不重视工夫，猖狂自恣不能识良知本体，同时他们二人在阳明生前都没有列入门墙，只是在阳明死后才记名为弟子，因此其对良知学说的理解并不真切，将人病误认为法病。正如牟先生指出的那样，聂与罗二人正是由于认为无现成良知而都强调功夫的作用，与工夫派在日用常行中实际用功不同，归寂派向静的一面用功，主要从事静中的修养："常令此心寂然无为，便是戒惧其所不睹不闻。言戒惧，在本体上便隔越。""然欲得流行发见，常如孩提之时，必有致之功，非经枯槁寂寞之后，一切退听，而天理炯然，未易及此，阳明之龙场是也。"② 可见，如果说王阳明、王畿认为良知是现成本有的，罗念庵、聂双江则认为良知是需要养成的，这是二者的本质区别，也是罗聂二人所以受到王门弟子围攻的原因。

从对良知的体认来看，刘宗周和念庵、双江似乎有相同之处，毕竟在刘宗周看来良知似乎已不足以维持世道人心，这主要是由于王门后学将意念与良知混淆了，结果出现认心而行的弊端，因此他提出"意"并非心之已发而是规定心的道德取向的根本，是未受干扰的道德理性，"意"在刘宗周的学说体系中是如此的重要以至于他经常把这个意称为"意根"。与意根相对应，刘宗周认为，《大学》《中庸》所言慎独的"独"也是未发，也是"意"："朱子于独字下补一知字，可为扩前圣所未发，然专以属之动念边事，何耶？岂静中无知乎？使知有间于动静，则不得谓之知矣；""其言意也，则曰好好色，恶恶臭，此心最初之机，即四

---

① 牟宗三：《从陆象山到刘蕺山》，上海古籍出版社 2001 年版，第 228 页。
② 黄宗羲：《明儒学案》，中华书局 2008 年版，第 459 页、第 463 页。

者之所自来,故意蕴于心,非心之所发也。"①其实在这样的情况下,刘宗周已经将意作为了心的本体,将意置于良知之上,将诚意置于致良知之上,"良知原有依据处,即是意,故提起诚意而用致知工夫,庶几所知不至荡而无归也"。由于意乃心之本体,其决定着人心之好恶,因此不论是在动静,已发还是未发的状态下,意都决定着心的思维倾向。这样诚意和慎独的功夫也就不能间隔动静,不会出现像归寂派那样偏于静的弊端。我们在刘宗周身上可以发现一个很有意思的现象,即在本体上,他继象山、阳明之后,将《大学》中与心学有关的三个条目"正心""致知""诚意"进行了充分发展;同时在心性论上,他认为,理是气之理,性是气之性,气质之性即天命之性,同时他还提出,道心即人心之本心,心性一物,即情即性等观点。这些观点自然与罗钦顺、王廷相等明代气学家的影响有关,但是这些思想的提出,更多的是受到了明末社会的影响。如果说承认了人的情欲的合理性会在一定程度上导致恣情任欲的结果,那么刘宗周提出意根慎独等,从更为根本的角度就开始控制善恶意念的发生,则对于过与不及的情欲自然起了调节作用,因此刘宗周的进一步向里和工夫派的注重日用常行,都可以起到限制当时社会物欲横流、猖狂自恣的现象。

---

① 黄宗羲:《明儒学案》,中华书局 2008 年版,第 893 页、第 902 页。

第三章　清代学者的反思及以礼代理的出现

第一节　"人各自私也，人各自利也"
——政治的反思

无论是刘宗周还是其他对王学改造的学者都没有使得王学重新成为时人进行道德判断时的指导意识，这一点可以从功过格及佛教因果报应的大量流行得到反证。功过格原本是道士自记个人功过得失的簿册，后来被崇尚佛教戒律和重视个人修养的儒家士子所采用，其中，袁黄倡导的功过格乃是当时最流行的。从《了凡四训》来看，其主要思想就是善有善报、恶有恶报的因果循环理论。其施行之人，每日自记其善恶得失，以观当日所行善恶之数。从袁黄的作为来看，其主要思想深受佛教之影响："遂起求子愿，亦许行三千善事。辛巳生子天启""九月十三日，复起求中进士愿，许行善事一万条。丙戌登第，授宝坻知县。"①可见，这种做法是典型的佛教因果报应，其行善事的主要目的在于实现自己的愿望，也就是说这种善事其实是有为而为，与儒家"明其道不计其功"传统思想是相违背的。袁黄的功过格在明末清初的影响很大，杨园先生说："袁黄之功过格，竟为近世士人之圣书"；彭

---

① 袁黄：《了凡四训》，转引自"明月清风"网站。

绍升言："了凡既殁百有余年,而功过格盛传于世,世之欲善者虑无不知效法了凡。"①无论如何,功过格只能说是外在的一种规范,而且这种规范并不高明,以福祸报应来劝人为善,规定人们的行为,一直是儒家学者所不认可的,却是宗教对中下层人民进行劝导的主要方式。然而,其之所以广泛流行,并且在士子中间产生重大的影响,只能反过来说明儒家传统的不计利、不计功的思想已经难以适应当时社会,特别是明末商品经济兴盛的社会的发展。因此无论是王学的"良知"还是东林学派的学术与政治结合都无法重新赢回人心了。

其实,对于当时的传统儒家学者来说,功过格一类的善书其实是一种有目的的等价交换,这是他们所不能接受的。刘宗周就对功过格提出了强烈的批评:"所列利济一格,此意甚害道,百善五十善,书之无消煞处,记过则无善可称,无过即是善,若双行便有不通处。……今善恶并出,但准多少以为销折,则过终无改时,而善之所列,亦与过同归而已。诸君平日所讲,专要无善,至此又设为善册以劝人,落在功利一路。若为下下人说法,尤不宜如此。仆以为论本体,决其有善无恶;论工夫,则先事后得,无善有恶可也。"②利济格也是功过格的一种,从刘宗周的论述看,记述者自记其每日所谓善恶,如果善比恶多,则善可以将恶抵消。当然,这种善书运用到心学学者的话,其所记述就不止善事与恶事,甚至包括善念恶念了。上述论述乃是针对"奉石梁先生为师模",讲学半禅半儒的秦弘祐而发。这一派的学者本来是重悟轻修的,如果说功过格对重视日用常行的学者影响很大则是完全可以理解的,但是现在连重视本体的学者也运用这种方式来监督自己可见其影响之大。刘宗周在这里至少指出了功过格等善书两个无法令传统学者满意的地方:第一,在一般的心学学者看来,善乃是人之本有,恶是后天习得,因此工夫应该用在去恶,去的恶则自然归于善,这一点是从

---

① 彭绍升:《居士传》,成都古籍书店 2000 年版,第 463 页。
② 黄宗羲:《明儒学案》,中华书局 2008 年版,第 954 页。

阳明时就开始的。阳明以镜喻心,认为良知为人之习气物欲等遮蔽,只要用搜剔刮磨之功则镜自明,心体自明,有意为善则为不善。这也是刘宗周所谓:"论工夫,则先事后得,无善有恶可也"的依据,因此心学所重者在改过而非为善,改过则自然为善。而功过格则承认人之行为有善有恶,这是不错的。然而其重视者在为善以抵消恶,这就与心学产生了矛盾。第二就是功过格等善书的功利性。这些善书的目的在于劝人为善以抵消其过恶。而且我们从袁黄《了凡四训》的论述中可以看出,其为善不仅仅是为了抵消过恶,还是为了实现其现实的功利目的,比如中进士、生子等。同时,以善抵恶的做法还有一个危险就是:无论为恶多少,只要为善更大则恶似乎就不必追究了。这也是《金瓶梅》中西门庆叫嚣着:"咱只消尽了这家私,广为善事,就使强奸了嫦娥和奸了织女,拐了许飞琼,盗了西王母的女儿,也不减我泼天富贵。"①这是功过格功利思想的一个极端的夸张的例子。然而有西门庆这种思想的人恐怕在现实生活中为数不少,这也是各种反对功过格等善书和批评袁黄的文字屡见不鲜的原因。只是功过格的通俗力量是正统学者无法忽视的,而且功过格的出现并不是儒家应对社会变化的专利。当心学感觉到当时物欲横流的社会中无法保证对士子身心修养的同时,佛教也出现了同样的情况。由于禅宗"明心见性"的滥用、"狂禅"的大量出现,明代中后期"文字禅"和律宗出现了复兴的情况。因此,对外在规范的重视,是儒佛同时俱兴的:这正可以反映出心学已经无法通过传统的修养方式达到其维持世道人心的作用,转而求助于外在的规范了。

然而,功过格等大量善书的出现和刘宗周等对心学的改造都无法改变明末社会的状况。特别是当整个国家面临生死存亡的时候,这种内在的修养和外在的规范都不能与如何应对政权的衰落相提并论了。

---

① 笑笑生:《金瓶梅词话》(万历刊本),第9—10页。

明政府的腐败是多方面的,包括皇帝的荒淫无道,对官僚的残酷迫害和对平民的经济剥削等,很多腐败是从明中期就已经开始了的,王阳明心学的兴起就是对这些腐败的一种回应。心学兴起之后,明代王权的衰落还是与日俱增,王学并没有阻止住这种颓势,也没有达到其"觉民行道"的目的,相反它给予了士大夫和许多普通百姓一种环境:当不幸发生时调整自身心态的工具。当然,王学在王阳明之后的发展,特别是泰州学派及李贽等的对主体意识的追求,也在一定程度上促进了对王权的反抗,只是这种反抗乃是自发的,他们没有提出明确的政治主张,结果也多不尽如人意。明代士大夫首次将拯救王权,政治追求与学术主张联系起来的是东林学派。从东林学派的形成来看,其形成之初便有鲜明的政治性。一般认为东林学派也是应对王学的流弊而来的,只是与工夫派、守寂派等学者不同,东林学者并不仅仅是要挽救王学弊端,而是为了能将学术应用到政治上。顾宪成与高攀龙建起的东林书院对政治的影响很大,"故会中(指东林书院的集会)亦多裁量人物,訾议国政,亦冀执政者闻而药之也。天下君子以清议归于东林,庙堂亦有畏忌"。[1] 可见即使有人认为东林书院只是一个学术团体,这种事实也是无法低估的。[2] 我们知道明代以来类似东林书院一类的讲学团体很多,但是他们的讲学多是学术的,探讨很少涉及政治,比如嘉靖年间颇为兴盛的灵济宫会讲,其主要目的便是推广王阳明的心学,而不是訾议国政,裁量任务人物。[3] 因此,从东林学派讲学活动与之前的活动对比中我们不难发现,对学术的追求已经被对政治的关心所取代,虽然在讲会中学术依然是一个不可或缺的部分,但学术只是为政治服务而不是像惜阴会、灵济宫等讲会那样纯粹的学术探讨了。之所

---

① 黄宗羲:《明儒学案》,中华书局 2008 年版,第 731 页。

② 南炳文先生的《南明史》附录即认为东林学派是学术团体而不是政治团体。见南炳文:《南明史》,南开大学出版社 1992 年版,第 371 页。

③ 牛建强认为正德嘉靖时期,讲学主要是为了贯穿封建伦理道德体系。参见:牛建强:《明代中后期讲学活动的扩张及其变异》,《史学集刊》1993 年第 4 期,第 52 页。

以出现上述情况,主要原因在于政治变革发展到迫切的程度,对国家存亡的关心已经压倒了学术探讨的兴趣,这种迫切性既有来自国家内部的,也有来自边疆的。为了与民争利,明神宗派出了大量的由内官组成的矿使、税监等搜刮民脂民膏,鱼肉百姓,这就引起了平民甚至士商阶层的不满,从而激起民变,比如万历二十八年,湖广人民因为冯应京被逮而群聚鼓噪、欲救应京而杀税监陈奉,数万市民包围陈奉的税监府并将陈奉手下六人投入水中淹死、打伤锦衣卫,类似的民变时有发生。神宗皇帝常年不上朝不见大臣不批奏折,而"争国本"及其后发生的"梃击""红丸""移宫"三案使得朝中的党派斗争、皇帝与大臣的矛盾更为激烈。又因为神宗长期不上朝,官员的任免都成为问题,甚至出现六部尚书只剩一位的情况,虽然文官集团自有其运行的规则,然而皇帝的这种做法第一加剧了党派之争,第二对行政系统的运行造成了不利的影响。与明朝国运相始终的边疆少数民族问题不但没有解决反而更加严重了。万历四十六年四月,努尔哈赤宣布"七大恨",誓师伐明,这是明与后金公开作战的开始。然而,这场战争积怨已深。明初以来的二百余年间,明与女真的关系尚好,双方一直和平相处。但是明中叶以后的百余年间,这种关系逐渐被破坏,而且我们可以认为这种破坏主要来自明朝这一方面。由于不能知人善用,明政府派驻的边将除"自囊人参貂皮外别无奇策"[1],并且破坏正常的边境贸易,如万历三年七月,参将徐国辅弟徐国臣,勾结苍头军刘佐逼迫入市的女真人"低价强鬻参",女真人拒绝,他们就行凶"殴市夷几毙"。类似的事件在明与女真的交往中时有发生。[2] 随着女真族的强大及其国家的建立,这种来自于少数民族的威胁越来越大。所以,万历时期是一个内忧外患逐渐形成的时期,在这一时期,任何心性之学也无法与国家

---

① 王在晋:《三朝辽事实录》(续修四库全书本),第28页上。
② 腾绍箴:《试论明与后金战争的原因及其性质》,《民族研究》,1980年第五期,第11—20页。

的存亡相提并论，这正是东林学者将对政治的关注引入到学术的原因。

当然，心学作为儒家学派之一，对政治的关注也是根深蒂固的。当时虽然出现了"官辇毂年头不在君父上；官封疆年头不在百姓上；至于水间林下，三三两两，相与讲求性命，切磨德义，念头不在世道上"①的情况，但是作为心学最后中坚力量的刘宗周在政治上的努力也是有目共睹的。刘宗周在崇祯之前的政治活动以弹劾为主，并且看到了政治的不可为，多次辞官。在崇祯之后，似乎意识到崇祯帝的锐意革新，其政治活动也以劝诫为主，希望皇帝能够采纳自己的建议。然而，由于刘宗周还是以传统的儒家伦理道德为其进言的主要内容，对于处在内忧外患而急于求治的崇祯帝来说，这种以仁义人心为主要改造对象的治国之策见效慢而难度大，因此他虽然知道刘宗周的忠心却无法实行其建议。因此刘宗周的政治建议多以"上迂阔之""上终以为迂阔也"和"迂哉！刘某之言也"等结束。其实，以仁义为内容劝诫皇帝是儒家历来的传统，程颐以君上折春天之树枝而严厉批评之，正可见一斑。然而，在国家内部农民起义风起云涌，外部少数民族政权步步紧逼的情况下，能够迅速富国强兵的措施似乎更为迫切，在这种情况下需要的是张居正一类的改革家而不是刘宗周这样的学者。虽然，在后来的清代学者对理学的反思中，针对刘宗周个人的批评不是很多，但是这种理学式的政治干预方式已经无法满足他们的需求，他们更追求切实有效的措施，经世致用思潮就是其主要表现。将学术与政治相结合，在明代自然也是儒家学者的趋势。《明儒学案》记载王艮："一夕梦天坠压身，万人奔号求救，先生举臂起之，视其日月星辰失次，复手整之。"②在与王阳明的辩论中，王艮强调的也是平民而思天下的出位之思。在王阳明的教导之下，王艮似乎意识到了传统自上而下的改革的

---

① 黄宗羲：《明儒学案》，中华书局 2008 年版，第 731 页。
② 同上书，第 828 页。

不可能,才转而宣扬所谓"百姓日用即道"的思想。这里的"道"不但有天理之意还有治道之意。这也就是上文所论述的王阳明的觉民行道的思想。在这种思想的指导之下,王门后学似乎对政治与学术的结合并不感兴趣,他们更加欣赏自由讲学在对人心风俗的纠正中所起的作用。同时,由于王学特别是泰州学派更加注重个体心灵的解放和个人生命价值的实现,因此王学也不适宜与政治相结合。这可能也是东林学派在强调学术要服务于政治的同时重新提倡朱学的原因之一。与后来的清代学者类似,东林学者也是在对朱学与王学的对比中决定采取朱学作为其主导思想的,"尝妄意以为今日之学,宁守先儒之说,拘拘为寻行数墨,而不敢谈玄说妙,自陷于不知之妄作;宁禀前哲之矩,经经为乡党之自好,而不敢谈圆说通,自陷于无忌惮之中庸。"①可见,在大多数东林学者特别是高攀龙等人看来,朱学末流之拘要高于王学末流之荡。同时,正如顾宪成所提出的那样:"道者,纲常伦理是也。"对于王学部分学者那种过分强调个体意识的思想他们也是不能容忍的,而其原因也许正与张居正禁毁讲学书院的原因相似。对朱学的提倡在某种意义上正是对纲常伦理的提倡,因为在明代朱学作为统治阶级的思想意识,它在一般人眼里看来两者之间已经没有什么区别,而纲常伦理的提倡其实也是对外在标准的重视。这在当时王学末流遍天下的情况下是有积极意义的。如果东林学者能够在政治层面上将朱学加以提倡而不使其仅仅作为科举的工具,则朱学对世道人心的拯救是完全可以发挥作用的。只可惜东林学者特别是其代表人物高攀龙、顾宪成的政治才能无法与其学术成就和眼光相比,在处理李三才事件中,东林竟然成为怨府,成为党派争斗的借口。同时,东林缺少切实的政治活动和政治建言,其学术与政治的结合主要停留在理论层面,这也是其无法挽狂澜于既倒的一个重要原因。

---

① 黄宗羲:《明儒学案》,中华书局 2008 年版,第 776 页。

籀读《明儒学案·东林学案》，东林学者往往与王门学者的观点相反。比如顾宪成："先生深虑近世学者乐趋便易，冒认自然，故于不思不勉，当下即是，皆令究其源头，果是性命上透的来否？堪其关头，果是境界上打的过否？"①这种提法，正与罗汝芳的"赤子之心说"及李贽的"童心说"相左。"赤子之心"与"童心说"自然不完全相同，但大体都注重人之初心，这种初心的前提都是人性本善，强调的都是没有受到沾染遮蔽。而顾宪成和高攀龙为代表的一批学者似乎都认为，不经过后天学习与修养，先天之善无法保证。高攀龙说："自有知识以来，起心动念，具是人欲。圣人之学，全用逆法，只从矩，不从心所欲也。立者立于此，不惑者不惑于此，步步顺矩，故步步逆欲。到五十而知天命，方是顺境，故六十而耳顺矣，七十而心顺矣。"②这里，高氏的观点又与程朱相近，强调的是豁然贯通的境界，而其强调的步步逆欲的修养方法则又是与当时顺情遂欲正好相反的。由此，高顾二人强调工夫的重要性，提倡对先儒的遵行，强调在日用常行中体道，这些都是对当时重本体不重工夫，重悟轻修的反对，也对外在规范的提倡起到了促进作用。重视规范也是东林作为一个重视政治的学术团体的必然结果。由于内在修养很难达到统一，很难使个体行为符合社会普遍的行为法则，因此在政治人物看来，外在规范是不可或缺的。只可惜明代政治体制所出现的弊端绝不是建立普遍的社会规范这一点所能解决的，而且东林学者重建规范的目的也并没有达到。

直到明清鼎革，对于明代政治的反思才得以全面进行，当时学者对此问题研究最深入、最透彻的，首推黄宗羲和顾炎武，王夫之的思想虽然也不亚于这两位先生，但是由于他在明亡之后隐身于少数民族的苗寨瑶洞之中，其著作在其身后百年之后才得以流传，对当时的影响不大，因此这里不将其作为代表人物了。明代灭亡之后，清代政权还

① 黄宗羲：《明儒学案》，中华书局 2008 年版，第 732 页。
② 同上书，第 789 页。

没有完全巩固,这一期间的政治和思想控制较为宽松,因此学者们可以尽抒己见,对整个明代的政治进行较为大胆批评,同时能够根据时代特点提出自己的构想。

当时对君主制度批评的激烈程度是前所未有的。对君主专制的批评不是清初所专有的,与前代不同的是,当时的批评是建立在明代以来"私"观念兴起的基础之上的。顾炎武对政治的最大反思在于"寓封建之意于郡县之中"。他认为郡县制在明代已至衰败之期,而解决之道就在于将封建制与郡县制结合起来,这种观点就包含了明代已兴起的"私"观念。封建制弊端的产生在于:"古之圣人,以公心待天下之人,胙之土而分之国;今之君人者,尽四海之内为我郡县犹不足也,人人而疑之,事事而制之。"①这里所谓的"公心"与"私心"是相对的,所谓的"公心""私心"是指对人民百姓而言,顾炎武更关心的是如何在集权制的情况之下保证人民的私权利。在《郡县论》中,顾炎武充分表达了这种观点:"天下之人各怀其家,各私其子,其常情也。为天子为百姓之心,必不如其自为,此在三代以上已然矣。圣人者因而用之,用天下之私,以成一人之公而天下治。"②将郡县等交由守令治理,并且可以世袭,这样守令就将郡县作为自己的私产而加以治理:"夫使县令得私其百里之地,则县之人民皆其子民,县之土地皆其田畴,县之城郭皆其藩垣,县之仓廪皆其囷莇。"③可见,虽然顾炎武强调的是成天下之公,但是其着眼点还是建立在个人私欲的基础上,只有先满足于个人的私欲,才能对国家的公利有所贡献。这种思想自然也是对明代政府对私利益侵犯的一种反思。顾炎武在《郡县论》的论述中着重提到了矿产的问题。"夫采矿之役,自元以前,岁以为常,先朝所以闭之而不发者,

---

① 顾炎武:《顾亭林诗文集》,中华书局2008年版,第12页。
② 同上书,第14页。
③ 同上。

以其召乱也。"①明代采矿之所以召乱主要原因就是明代政府派出矿监等强收矿税侵占百姓利益。明代矿监与税使都是皇帝直接派驻到地方的横征暴敛的工具。如果按照顾炎武的建议将矿产与税收等都归守令直接管理,这样就像"发金于堂室之内,则唯主人有之门外者不得而争也"。按照这个逻辑:县之子民皆县令之子民,县内之矿产皆县令之矿产,县内之矿产乃一县共有之财产,以皇帝为代表的国家政权对此也不容侵犯,所以在这里顾炎武强调的还是私财产的保护。对私财产的保护自然也与明代个体意识的兴起密切相关。而个体意识的兴起对政治的影响是两面的,个体意识的兴起不但加深对私财产的重视,同时对社会普遍伦理及国家统治意识造成了冲击,因此清初既有如顾炎武这样提倡以私的观念为基础进行分权的,也有如唐甄这样要求加强集权的。唐甄的思想在清初学者中独树一帜,他不像传统的儒家学者而更近于先秦诸子。在其著作《潜书》中,唐甄声明其服膺的先儒是王阳明,然而其对王阳明的推崇主要是出于两方面:其一是王阳明的事业武功,其二是王阳明的知行合一之思想。在《法王》篇中,他说道:"阳明子有圣人之学,有圣人之才,自孟子而后,无能及之者。"然后就是对阳明平宸濠和稳定边疆功绩的褒扬,而其对阳明的批评则是:"阳明子有圣人之学,有圣人之才,而无圣人之德。不可不察也。谓其无圣人之德者何也? 以其小仲尼而自擅习兵也。……甄虽不敏,亦愿学阳明子而不敢谢不及者,盖服乎知行合一之教也。"同时在对其做《潜书》的主旨进行论述时他说:"自闻孟子之言,而后知圣人之治天下,其事庸,其用近,如布帛之必可暖,谷肉之必可饱也。"②因此,唐甄之所以推崇王阳明并不是因为其学说的简易直接而是推崇其事业与学以致用,同时需要指出的是,唐甄只是推崇王阳明个人,而不是整个阳明心学。从这个立足点出发,唐甄对学术的要求就与当时的其他学

---

① 顾炎武:《顾亭林诗文集》,中华书局 2008 年版,第 15 页。
② 唐甄:《潜书》,中华书局 1962 年增订版,第 9 页、第 11 页、第 204 页。

者不同。学术在这里专指儒学,其最终目的就在于对社会、对人民产生积极之作用,不能产生积极作用的学术则不是学术,或者说是伪学术:"唐子曰:'自宋以来,圣言大兴,乃从事端于昔,树功则无闻焉。不此之辨,则子之美言,犹为虚言也。'……惟心亦然,事不成,功不立,又奚贵无用之心,不如委其心而放之。"①这里就将理学与心学的空疏无用的一面都进行了批评。在这种批评之中我们可以发现其实唐甄对道统与治统之间关系并不清楚,他既不明白程朱利用理学对道统的掌握来限制治统的目的,也不了解王学学者以心为基础的个体意识对国家集权的挣脱。因此,唐甄论及学术和政治的关系时是比较混乱的,他既强调任贤与任相的重要性,"为政亦多务矣,唯用贤为国之大事。……是故明君察于群臣之中,得其大贤,处以上卿之位,惟其言之是听,而不惑于谗慝之口,则列于朝廷者皆其类也。""相者,君之二也,宗庙所凭,社稷所赖,不可以轻为进退者也。"②同时,他对君之作用的强调更是无以复加:"治乱在君,于臣何有? ……人无贤不贤,贤不贤惟君,政无善不善,善不善惟君";"此无他,君德使然也。君有德,奸化为贤,君无德,贤化为奸。"③可见在唐甄的思想中,那种以天下为己任的观点已经远远不如宋明学者了。顾炎武提出的"寓封建之意于郡县之中"的思想是对整个中世纪政治制度的大思考,而唐甄则从学术致用的角度对儒学提出了自己的看法。他深受明中后期以来顺情遂欲说和明亡的影响,并试图提出自己的主张。这些主张主要包括:第一,道学也好,心学也罢,必须以实用为目的并且不可以立教,只顺民情而达到致治的目的:"世多明达之才,但见圣人正天下之法,不识圣人顺天下之意,……人心虽异,其用惟情,虽有刚柔顺逆之不同,其为情则一

<hr>

① 唐甄:《潜书》,中华书局 1962 年增订版,第 1 页。
② 同上书,第 151 页、第 122 页。
③ 同上书,第 125 页、第 171 页。《女御》中所谓的"奸"与"贤"虽然不是对士大夫而言,但是对君之作用的强调也是有所反映的。

也。"第二,宋明理学所争论的理气心性等问题可以不再加以讨论:"是故上世无书而道出,中世书少而道明,下世书多而道亡……身有目,目有明,道在明而不在目。"则道主要体现在其实际效果上,而不在于对道的讲明与辩论。第三,对于明代的讲学风气,唐甄深不以为然,他认为这是好名的表现,又带来结党的习气,最终导致国亡:"今人穷经,好为创见而无实用,是为诬经,吾不欲取而观之矣。性即性耳,有何可言!""长短相争,是非相讼,市人也。……道未必如此隐晦,国未必以此安危,一言相异,变色而起,其徒助之,相煽不已。以为为道,其实为名,以为为国,其实为身;何自辨之不明也。""昔者明之有党,……正者缘气节,缘道学。……党之为势,固于人心蔓于海内,若亡人之过而不与之俱亡者。"①因此,唐甄对明代政治和学术的反思是不彻底的,其对现实的建议也是多有矛盾之处,其思考之广度不如黄宗羲,深度不如顾炎武,只是他的思考多体现于细节中,特别是将公共之情引入到政治实践中乃其独特贡献。

作为明遗民的黄宗羲对明代学术政治的思考乃是最为深广而彻底的,特别是他的王学修养和立场使得他敢于冲破几千年的权威,对明代政治做出自出机杼的评价。黄宗羲的政治批评的代表作是《明夷待访录》,其批判对象主要是明代政治,这是毋庸置疑的,然而这本著作中蕴含的思想却代表着对整个中世纪中国的反思。在第一篇的《原君》中,黄宗羲开篇明义地说:"有生之初,人各自私也,人各自利也。"②这句话虽然不能贯穿整部《明夷待访录》,但是确实是黄宗羲的指导思想,他认为古之君主之所以成为万民拥戴的君主,是因为他们保证了百姓的利益,虽然在君主来说这种利益是公共的,而对于百姓来说,这

---

① 分见唐甄:《潜书》,中华书局1962年增订版:《尚治》,第101页;《自明》,第23页;《无助》,第38页;《格定》,第55页;《除党》,第161页。

② 黄宗羲:《明夷待访录》,《全集》本,第1页;类似的句子也出现在顾炎武《日知录·言私其豵》中:"合天下之私,以成天下之公,此所以为王政也";陈垣:《日知录校注》,安徽大学出版社2007年版,第130页。

种利又是私人的,因此私利还是黄宗羲要致力保护的,私利得到保证之后,合起来才可以成为天下之公利。

　　顾炎武、黄宗羲等对私观念的强调并不是要证明他们对私利的鼓励。对私利的追求和对个体的满足是无止境的,很容易导致个体追求和社会道德之间的冲突,因此,在提倡私观念的同时,顾炎武特别强调风俗人心的作用,他认为,君主治理天下此乃首重之事:"《天保》之诗,皆祝其君以受福之辞,而要其指归,不过曰:'民之质矣,日用饮食,群黎百姓,纶为而德。'则人君为国之存亡计者,其可不致审于民俗哉?""法制禁令,王者之所不废,而非所以为治也。其本在正人心,厚风俗而已。故曰居敬而行简,以临其民。"①人心风俗之淳厚主要是指个人道德水平之提升,道德修养提高则自律性加强,对私利、私欲的追求中与社会集体道德之冲突则相对减少。与顾炎武相似,黄宗羲在对"私"观念提倡的同时,也注意个人与社会的关系。与顾炎武不同,只是黄宗羲强调的是法律的作用,在《明夷待访录·原法》中,黄宗羲首先强调三代之法对私财产的保护:"三代以上有法,三代以下无法。何以言之? 二帝三王知天下之不可无养也,为之授田以耕之;知天下之不可无衣也,为之授地以桑麻之;知天下之不可无教也,为之学校以兴之,为之婚姻之礼以防其淫,为之卒乘之赋以防其乱。"而三代之后之所以无法乃是因为其法之立乃是为了君主一家之私利。在这种意义上,黄宗羲一反前代观点认为"有治法而后有治人"。虽然,从《原法》的本意上来说,黄宗羲还是要以法来限制君主对平民私财产的侵害,只是法令制度的设置必然要涉及到个人与社会的关系,必须在其中设置个人的行为规范。因此,不论是黄宗羲还是顾炎武都重视个人与社会之间的协调。即使是顾炎武所强调的风俗,也是外在的,处在风气之中的人受到其影响是不自觉的,但这与程朱陆王的加强个人道德修养还是

---

① 分见顾炎武/陈垣校注:《日知录校注》,安徽大学出版社 2007 年版,第 358 页、第 472 页。

有一定区别的。晚明王学提倡情之合理性和天然性,比如李贽就认为:"率性之真,推广之,天下为公。"这种提法与黄宗羲、顾炎武的和人人之私以成天下之公的思想极为相似。然而,历史的发展表明,率性之真并没有合成天下之公,倒是导致了个人欲求和社会规范之间的矛盾,不受控制的个人之情发展到后来只能是个人为了追求一己之利而恶性竞争,完全不顾道德原则。后人批评明代之亡于学术,恐怕其着眼点正在于此。黄梨洲和顾亭林作为明代遗民,对明中晚期人欲横流之局面都有强烈批评。顾亭林认为李贽乃万世之罪人,而黄宗羲不将其收入《明儒学案》,不承认其是王学中人,其中的反感与轻蔑自不言而喻。然而,事实上,情也是个人之私,如果过分强调不受限制的私,其结果恐怕要与李贽提倡"率性之真"的后果一样。因此如上所述他们在提倡私的同时更注重限制私的制度和风俗,以保证此"私"乃人人之"私",而非某个人之"私"。黄宗羲对君主批评的一个重要方面就是因为他认为君主将天下作为其私产而侵害了更多百姓的私权利。明末王学末流流于猖狂自恣正是因为他们没有注意到个人与全体的这种相对关系,对明代历史反思深入的梨洲和亭林注意到了并且在继承明代学术的同时提出了自己的解决方式。这不但是对明代学术的总结,也是清代学者在经历了宋明理学重视内在修养的几百年的儒学发展史之后,终于比较系统和全面地论述外在规范的开端。

第二节 "吾辈今日学问正从日用常行中见"
——清初的日用常行之学

据全祖望记载,清初人认为的清初三先生非现今公认的黄宗羲、顾炎武和王夫之,而是黄宗羲、孙奇逢和李颙,乍一看,这三人还都是王学大家。然而史家如刘述先先生则认为黄宗羲乃是王学的结束者。① 而孙夏峰和李二曲虽然都是以王学作为其学术之依据,但是他们也都没有抵挡住对王学的批判之风,或者说他们从明代学术的流弊中得到了教训,开始重提朱学,而他们提倡朱学主要是试图弥补王学末流空疏无用之弊。而对当时的朱陆之争的一些著名学者多不以为然。如孙奇峰认为:"大凡儒者立论,以不谬于圣人为极以诣,而所入之途,不必尽同。如适邦畿,从山,从水,从陆,途各不同,期归于邦畿而已矣。从山者所见皆山,从水者所见皆水,从陆者乌得而非之?"而当有人问及朱陆异同时,李颙说:"然辨朱辨陆,论同论异,皆是替古人担忧。今且不必论异同于朱陆,须先论异同于自己。试反己自勘:平日起心动念及所行与所读书中之言同耶,异耶?"②清初学者鉴于明末王学之流弊,多重视"经世致用"之学,由于遗民的特殊身份使得他们无法像前代学者们那样向朝廷建言或者著书立说以期当世之用,甚至像科举这样前代士大夫实现儒家传统的修齐治平理想的途径也难以适用。③ 因此,他们在践行这种理想时,都只能采取两种方式:其一是注重平时的日用常行,这样除了保持自己立身之正之外,还可以"刑于寡妻,至于兄弟,以御于家邦"。通过自身言行影响及普通百姓,也是王学的遗产之一,王阳明是"异于百姓者即是异端"这种思想的开端,泰州学派"百姓日用即道"是其发展,李颙"在车都,不惟士友因感而奋,多所兴起,即农商工贾,亦环视窃听精神勃越"。④ 而孙奇逢居乡严谨,其志操言行更是感动了更多的人;其二是在相对小的范围内践行其治国平天下的思想。如陆世仪认为:"不能致君,亦当泽民,盖水火

---

① 刘述先先生认为,黄梨洲乃是心性之学的最后一个大师,他"终结了一个时代,也下开了一个时代",参见《黄宗羲心学的定位》,浙江古籍出版社 2006 年版,第 118 页。

② 李颙:《李二曲集》,中华书局 2003 年版,第 36 页。

③ 当时士大夫不应清朝举荐和科举考试者比比皆是;而遗民如黄宗羲著《明夷待访录》也不是像章太炎所说的"将伺虏之下问",参见赵轶峰:《明代的变迁》《黄宗羲思想三议:读〈留书〉札记》,上海三联书店 2008 年版,第 123—134 页。

④ 李颙:《二曲集》,中华书局 1996 年版,第 65 页。

之中,望救心切也"①,而陈瑚在昆山蔚村所进行的自治工作更是久为研究者所重视。② 我们可以注意到在这些学者的学说之中,都有提倡朱学的成分,这不是说经世思想和朱学之间的联系是必然的。但是,经世思想必然要涉及如何维持稳定的社会秩序这一方面,而朱学在这方面发挥的作用是王学无法做到的,因此从这种角度讲,朱学的回归有其必然之原因。

然而,朱学的回归并没有改变宋明理学在当时受到冲击的情况,这里的冲击并不是指来自考据学的挑战和颜李学派等重视实用的学者对宋明理学的冲击,而是指理学内部日用常行之学正逐渐取代理气心性在传统理学中的地位,而这也是我们之前分析清初学者修齐治平思想的体现之一。清初,日用常行之学集中体现在李二曲、张履祥、陈确等人身上,其中李二曲之学心怀天下,张履祥以平实为特色,而陈确以实际而凸显。

《二曲集》记载李颙的言说似乎展现他只是待罪土室,不与人交,大有遗世独立之感:"仆土室中人也,荆扉反锁,久与世睽,世务未尝萦怀,世事绝口弗及,坐以待死,业同就木"③,然而这只是他的遗民姿态,是与清王朝的不合作态度。学者早已经指出,李二曲既不像黄宗羲以王学为依据对君主专制制度提出批评,也不像王夫之以张载为旨归,对宋明理学进行全面的总结,而是以"关学"基础,提出自己的"悔过自新"说与"明体适用"论。他认为"穷理致知,反之于内,则识心悟性,实证实修;达之于外,则开物成务,康济群生。夫是之谓'明体适用'"。④而且他对程朱理学末流空疏无用之弊提出的批评,其尖锐程度可比拟

---

① 陆世仪:《陆子遗书》,清光绪二十五年刊本,第6页。
② 参见王汎森:《明末清初思想十论》,复旦大学出版社2004年版,第331页。
③ 李颙:《二曲集》,中华书局1996年版,第209页。他还说:"'邦无道',固足以有容,若不韬光晦迹,终为人所物色,须是无名可名,方免缯檄"。可见他一系列韬光养晦的做法只是为了不被清朝廷强逼出山而已。
④ 同上书,第120页。

颜元:"道不虚谈,学贵实用,学而不足以开物成务,康济世艰,真用衾妇女耳,亦可羞也。"①可见,李二曲绝不是章句腐儒,只是与黄宗羲相比,他的适用之学关注的不是制度层面而是如何以学术人心扭转世风。即使是在面对宋明理学呈现颓势,而清初学者广泛批评理学流弊的时候,他还是坚持认为道学之作用不可忽视:"学宪语及文庄'愿为真大夫,不愿为假道学'之言。先生(李颙)曰:'斯盖一时有感而云也假道学固可耻,然使士夫而弗从事于学,学焉而弗由道,立身行己,无道无学,亦岂得真大夫? 自此言出,而士夫之不学者,得以借口自便,流俗之丑正者,得以借口肆诋。矫枉过真,所关匪细,故言不可不慎也。'"②之所以重视道学,主要是因为李二曲将身心意知、家国天下合为一体,皆以为"格物致知"之物,而身心意知乃齐家治国平天下之基础,只有通过道学的修养,身心意知循正道而行,家国天下才有回归三代之希望。然而正如上文所指出的,李颙绝没有机会实现其治平之理想,他的明体适用之学只是停留在修身这一阶段,因此在他的学术实践中我们看到的更多的是他的日用常行之学。李颙的日用常行之学也有王学的痕迹,这首先是由于他认良知为"学问头脑,自身主人",他服膺王阳明,认为:"自太公、武侯之后,儒者之中,惟王文成通变不迁,文物兼资,肃皇称为有用道学,诚哉,其为有用道学也! 故道学而无用,乃木石而衣冠耳,乌睹所谓'道'、所谓'学'耶!"③可见其对王阳明的人品学术由衷钦佩,他对王门"百姓日用即道"的思想似乎也深有认同:"先生慨世人视圣贤太高,甘愚不肖如饴,因荟萃古今至卑贱之人,而卒自勉励为大豪杰,大贤人之品者,勒为此书(指《观感录》)……先生曰:'为圣为贤,果非难事,不过入孝出悌,日用饮食事物之间,时时

① 李颙:《二曲集》,中华书局 1996 年版,第 54 页。
② 同上书,第 78 页。
③ 同上书,第 583 页。

存心,事事体贴,则违禽兽之界也远,入圣贤之路也近。'"①同时二曲对王门后学的"玄虚而荡"与"情识而肆"的弊端也是深有惩戒,他强调说:"其用工之实,在证诸先觉,考诸古训。尊所闻,行所知,而进修之序,敬以为之本,静以为之基。""尊所闻,行所知"则免于专注本体而离行于知的空疏之弊;"敬为本,静为基",则静以修养、敬做功夫,避免顺情遂欲之弊端,则功夫与本体,天理与人情可以兼顾。在这种认识的基础上,提倡日用常行自然可以得到理想的效果。在李颙的思想中,日用常行几乎可以作为其主要践行其学说手段。在解释"中庸"之意时,他说:"尽性至命,与不学不虑之良,有一毫过不及,便非'中';与愚夫愚妇之知能,有一毫异同,便非'庸'。不离日用平常,惟依本分而行,本分之内,不少愧歉,本分之外,不加毫末,此之谓'中庸'。"②这里的本分,并不是仅限于我们平时所谓的应为之事,而要达到王阳明"吾性自足之良知",甚至同于孟子之"四端",也由此可见"日用平常"在李颙学说中的重要地位。如果说明代王门学者重视的是内省,则李二曲重视的是内省对外在行为的作用。外在行为总是受到内心思维的指导,正如"言为心声"一样,外在行为的优劣可以成为内心修养高低的表现。虽然以王阳明、王艮为代表的大多数王门学者和李二曲、张履祥等清代学者都认为与"愚夫愚妇同"的"日用常行"是圣人之道之所在,然而百姓日用而不知的境界终究无法与"随心所欲不逾矩"相提并论。所谓"随心所欲不逾矩"只是将内心修养形成固定的道德模式,这种道德模式规定着自己的行为,化应然为自然,这才是儒家一直追求的理想境界。二曲也追求这种境界:"然教化不在空谈义理,惟在明此心,体此理。人人有此心,即有此理。自圣贤以至愚夫愚妇,此心同,此理同,……此心未发之前要涵养,已发之后要省察,总不外日用常

---

① 李颙:《二曲集》,中华书局1996年版,第272页。
② 同上书,第414页。

行,纲常伦理间,随时随处体认而已。"①这里的"随时随处体认"不同于湛甘泉的随处体认天理,甘泉的"随处体认天理"是对格物穷理的解释,主要是说以身心意去体验,认证天理,达到一内外、兼知行、贯动静。② 而在李颙看来,日用常行本身即是天理,无须再转手去体验与认证,这也是王阳明批评"随事体认天理"说"以为尚隔一尘"的原因。③以"心即理"、知行合一等王学基本观念为基础,将日用常行转化为对天理的践行,是李颙之前的王门学者一个共同的思想,李颙也继承了这一思想,因此他的日用常行说是有心性之学为基础的,不是鸡零狗碎的愚夫愚妇之学。

与李颙相比,陈确的思想更为激进,其对日用常行的重视在某种程度上超过了李颙。陈确提出了"素位之学",这一名称来概括其学说的主要内容。"素位"二字,出自《中庸》:"君子素其位而行,不愿乎外。"朱熹注云:"素,犹现在也。言君子但因见在所居之位而为其所当为,无慕乎其外之心也。"④陈确非常重视这种"素位",他说:"弟近日每乐与同人言素位之学。'素'字是《中庸》之髓,大抵离素一分,即非中庸。""学者高谈性命,吾只与同志言素位之学,则无论所遭之幸与不幸,皆自有切实工夫,此学者实受用处。苟吾素位之学尽,而吾性亦无不尽矣。""井田既废,民无恒产,谋生之事,亦全放下不得,此就是素位而行,所谓学也……但吾所谓谋生……即不越《中庸》所谓'素位'者是。"⑤由这些话可以看出,陈确所谓的"素位之学",主要是指学者平时日常生活中的出处修养。特别值得指出的是,陈确比较重视学者的"谋生之事",虽然陈确不是第一个提出这种看法的人,但值得注意的

① 李颙:《二曲集》,中华书局 1996 年版,第 24 页。
② 陈来:《宋明理学》,华东师范大学出版社 2004 年版,第 218—220 页。
③ 《王阳明全集·寄邹谦之》五:"随事体认天理,即戒慎恐惧功夫,以为尚隔一尘,为世之所谓事事物物皆有定理而求之于外者言之耳",第 206 页。
④ 朱熹:《四书章句集注》,中华书局 2005 年版,第 24 页。
⑤ 分见《陈确集》,中华书局 1979 年版,第 111 页、第 425 页、第 438 页。

是,前人重视"谋生之事"往往是为了防止于仕士子的腐败,而陈确在这里并不是针对居官者而言,而是面向一般士子。

陈确的"素位之学"表现在日常生活中的各个方面。他在《学者以治生为本》中说:"学问之道,无他奇异,有国者守其国,有家者守其家,士守其身,如是而已。所谓身者,非一身也。凡兄弟妻子之事,皆身以内事,决不可责之他人,则勤俭治生洵是学人本事。……确尝以读书治生为对,谓二者真学人本事,而治生犹切于读书。……惟真志于学者,则必能读书、必能治生。"①同时应该指出,陈确的所谓"治生",并不是要士子弃儒从商,而是提倡传统的耕读生活。在《陈确集》中,有很多指导子弟持家治生的文字,甚至纂有专文。例如在《丛桂堂家约》中,他从"子初生、就塾、冠、婚、嫁、丧、祭"等各方面规定从生到死的各种礼节仪式;在《示两儿书》中讲道:"钱财出入,纤悉登记明白。吾素懒上账,最是败德,不可学也。切勿容易借债,……宁缩己,勿求人";又在《示儿贴》中说:"世俗于新岁争放纸炮,吾少亦好之,至自中其手,手为之裂,犹不知改。"②等,凡琐碎细小,娓娓道来。也是由于这个原因,陈确受到了当时学者的批评,被认为"粗俗",但陈确并不以为非,他说:"吾言虽粗俗,如草蔬菜饭,却可疗饥;诸子言虽精微,如龙肝凤髓,却不得下咽也。"③从这里可以看出,陈确是惩于程朱理学将道的标准定得太高,一般人很难达到,因此提出这种切实可行的方法。

"素位之学"的提出,也是针对于当时学者普遍存在的"假"的情况:"学者通病,大率是一'假'字,其驰骛不止者,三分是名,七分是利,进乎此者,则七分是名,三分是利。"④在陈确看来,他的这种"素位之学"符合当时学界的实际,学者行"素位之学",可以避免"假"的倾向。

① 《陈确集》,中华书局 1979 年版,第 158 页。
② 同上书,第 513—517 页,第 384 页、第 386 页。
③ 同上书,第 429 页。
④ 同上书,第 94 页。

他说:"学者高谈性命,吾只与同志言素位之学。……今舍素位而谈性命,正如佛祖寻本来面目于父母未生之前,求西方极乐于此身既化之后,皆是白日说梦,转说转玄,""今之学者,考其行,则鲜孝悌忠信之实,听其言,则多义理精微之旨,此宋以来学者通弊。"①也就是说,当时的学界言行严重脱节。理学本意是要学者加强自身修养,为什么发展到明末清初却出现与之相反的情况呢? 陈确认为当时学界的这种情况主要包括三方面②,而他提倡"素位之学",也正是与这三方面相对应的。陈确提倡学者治生,要求学者注意日用常行之间的细节,这种做法虽然不能在学理上有突破,但却有实际可行之处,学者依此而行,可以做到立身谨饬、言行相符。

如果说日用常行在宋明理学中的王学中有理论依据并且形成了传统(如上所述在王阳明的第一代弟子如邹守益已经重视日用常行),而李颙具有王学倾向,陈确又师承刘宗周,他们提倡日用常行乃是必然。那么除了王学之外,是否还有其他学者也重视日用常行之学呢?回答是肯定的,其代表人物是清初朱学的中坚人物张履祥③。杨园先生乃刘宗周的弟子,其年轻时期对良知学也是衷心佩服的:"二十四五,闻'良知'之说而喜之,夙夜从事,时气高志锐,自以圣贤之域举足可至。由是信其所知以出,日常接物多过失,甚至得罪名教,犹以心之所安,不知溃耻。天牖其衷,寻复自疑,适得小学……甲酉以后,播越颠危,疾病继作,学问之事多幸初心。"④杨园先生这里的自述说明他年轻时自信其心,相信王学人皆可为圣人之说。然而正与王学末流玄虚而荡之弊端相似,没有真实修养的人皆可为圣人之说只能导致学者忽

① 分见《陈确集》,中华书局1979年版,第73页、第582页。

② 参见《陈确集》,中华书局1979年版,第94页。

③ 梁启超认为:"其专标程朱宗旨以树一学派,而品格亦岳然可尊者,最初有张杨园、陆桴亭,继起则陆稼书、王白田"。梁启超:《中国近三百年学术史》,商务印书馆2008年版,第13页。

④ 张履祥著,陈祖武点校:《杨园先生全集》,中华书局2002年版,第96页。

视工夫而玩弄光景,不但无法达到圣贤之境,其至"作用见性""荡灭礼教"。因此,基于自身体验,张杨园对王学提出了严厉的批评:"姚江以异端为害正道,正有朱紫,苗莠之别。其弊至于荡灭礼教。今日之祸(指甲申之变),盖其烈也。"①杨园的日用常行之学也是在通过反思明末清初王学流弊之后逐渐形成的。张履祥认为王学最大的流弊在于蔑弃礼教,任情直性而不加限制,以至于人心不古,世道衰落,他甚至将这种局面称为学术的"戎狄之道":"孔子从先进,亦是厌周之末,不胜其文也。然要归于中正而已。若此意一过,即成棘子成何以文为之论矣。再过即杨墨申韩庄周之横议矣。……若今日之祸,固由久弊,其实由于蔑弃礼教,救时之急,在于忠信礼让而已。时贤好为直情径行,荡夷简率之言,行稍及威仪揖让,即加唾弃,以为繁文虚伪。亦何不思之甚?""良知之教使人直情径行,其弊至于废灭礼教,播弃先典,记所谓'戎狄之道'也。今人犹不知惩其弊,方将攘袂怒目,与人争胜,亦可哀已。"②这里杨园主要指出的是王学后门由于追求性情之真却不加检点、不加提醒,在一定程度上冲破了传统伦理纲常的束缚,但是由于他们没有意识到这些伦理纲常往往是社会共同遵循的规范这一特点,过分强调了个人情感的发泄,而忽视了理性思维对感性情感的调整和控制,也忽视了个人需求与社会规范之间的限度,从而导致了"情识而肆"的情况。其实这种情况的出现固然是由于王阳明学说中对情欲的解释留下了一定的空间,然而在王阳明那里,情欲的实现要受到"心即理"的限制和良知"是知是知非"的监督,这里的理与是非都是个人在处理其行为时所要依据的行为规范。之所以出现情识而肆的现象,主要是王门末流没有运用内心之良来约束自己的行为,没有用是非标准来克制自己的感情。杨园与顾炎武、张尔岐等清初学者相似,将明亡的部分原因归于王学的泛滥。然而我们需要注意的是,张履祥

---

① 张履祥著,陈祖武点校:《杨园先生全集》,中华书局 2002 年版,第 84 页。
② 同上书,第 1135 页、第 1138 页。

并没有像上述孙奇逢、李颙那样，主要进行学术内部的改造，从加强内心修养的角度来遏制情识而肆的弊端，他在很大程度上是站在礼法的立场上对这些人和行为提出批判的，而礼法的作用则在于对人的行为作出具体的规定。与之相适应，杨园对于王学的心性论、本体论等并没有什么探讨的兴趣，甚至对朱学的相关内容也是闭口不谈。他说："先儒言：'理一无工夫，工夫全在分殊上'，吾人日用致力，只要穷致物理，随事精察而力行之，即不必言未发之中而未发之中无乎不在。世儒好说本体，岂知本体不假修为，人人具有，虽使说得精微广大，何益于日用？"①这里的本体既是指"如有物焉"的天理，也是指"知是知非"的良知。可见，杨园对本体的讨论毫无兴趣，其学术的着力点就在"日用常行"，而日用常行中的礼法则是其行为的主要规范。归纳杨园先生一生之学术，可以归结为"质行"二字。②"质行"者，非《论语》先进后进的质与文之别的质行，而是指学者当破除空谈与任情之弊，以前言往行为依据，踏实用功，成就为对天下人民有用之才。杨园解释说："质行者，非欲蔑弃典文，枝鹿椎鲁之谓，……今之学者诚能修身立行，一准乎经义，平日讲求，无非先王经世之实政，以为隐居求治之务庶几成就一种人才，为天地间见小大功用，使斯世斯民有所赖藉。"可见，"质行"非愚夫愚妇日用而不知之类，而是有一定的规范和目的，经过长期的学习才可以达到的境界。那么如何达到质行呢？杨园认为："夫学问者，将以尽性命之理也。苟不本于天之所赋，物之所受，非学问之正也，安可使之两截乎？事物者，身心之准则也。苟事至物来，而处之不当其分，正身心之病也，安可视为两途乎？"③将事物与天理合二为一，则应事处物时皆合理就是质行的基础，这就是质行的内在标准。

---

① 张履祥著，陈祖武点校：《杨园先生全集》，中华书局 2002 年版，第 1147 页。
② "今日文弊极矣，疑谓当救之以质行"，张履祥著，陈祖武点校：《杨园先生全集》，中华书局 2002 年版，第 92 页。
③ 同上书，第 109 页。

也正是出于这个理由,杨园甚至认为,只要行事合乎天理,则不论其人是儒是墨均是可取的:"故弟(履祥自称)私心以谓,异端之辨尚可不深,而声气之疾不可不甚。但使其人立身行事式于六行,无乖五常,为儒为墨,均可取也。"①晚清理学名家唐鉴在《国朝学案小识》中,将张履祥归入"守道"学案之中,按照唐鉴对守道的规定,张履祥的这句话恐怕要被排除出守道之行列,但也由此看出杨园先生对惟腾口说,拉帮结派的声气之病的痛恨。乍一看,声气之病似乎与杨园所提倡的质行之学没有矛盾,然而声气中人往往好高骛远,轻议古人,好自标榜,这正是杨园所深恶痛绝的。正如学者所指出的那样,张履祥在学术上并无多大创新,然而其对程朱之坚守却是其同时代人难以企及的,这也是他痛恨声气之病的原因。②

张履祥可以说具备了遗老身上的大部分特征,他不入城,并且反对其子弟及友朋的子弟入城:"令子向来失学,仁兄出外日多,城中气习,极忧渐糯,及此不加力学,更二三年,虽欲为布衣醇谨之士,恐不可得……总之,邑中绝不可令久习也";"比日郡中人情,稍闻安静,然总之未宜入城也"③。他深居简出,不求闻达,甚至每有讲会多以农事为由推脱,即使参加聚会也多谈治生之事:"会稽之游,知非素怀所屑,毋亦平生磊落,不乐琐琐生计,以及此困顿乎?愿仁兄惩兹既往,加意本务,毋令衣食得以奔走";"乾初仲木两兄,来月邀弟同就虎席,肃聆道益,但恐农事伊始,小人之情急于谋食,容有弗能承命以前之势。"④可见,在杨园看来,质行农耕要比参加讲会"移风易俗,共挽狂澜之事"更适合自己的学术和生平志向。虽然,杨园在明亡之前确有兼济天下之

---

① "今日文弊极矣,疑谓当救之以质行",张履祥著,陈祖武点校:《杨园先生全集》,中华书局 2002 年版,第 147 页。

② 程宝华在《张履祥研究综述》中说,张履祥的思想非常单纯,而且缺乏深刻性和系统性。《社会科学评论》2007 年第 4 期,第 120 页。

③ 张履祥著,陈祖武点校:《杨园先生全集》,中华书局 2002 年版,第 205 页、第 210 页。

④ 同上书,分见第 172 页、第 148 页。

志,然而明清鼎革对他造成的影响是巨大的,通过上述讨论的他对朱学与王学的对比及他认为王学在明亡中应负的责任可以看出他强烈反对王学末流不务正业游谈无根的习气,正是在对王学的反对之中,张履祥逐渐形成了自己的学术主张,那就是谨遵程朱,质行本务:"论语二十篇,无非谨言谨行之旨;孟子七篇,大要息邪说,讵诐行之心。世教不明,处士横议,前者非程朱,后者并不尊孔孟,《学》《庸》而言易黜,孟子也而已庄生待之。不图横议至此,更不图此种议论,近自知交中日出而不止也。天地安得不易位?生民安得不涂炭?可为痛哭流涕也!"①将天地易位的结果归于王学的泛滥,张履祥对王学造成的后果自然是过分夸大了,然而正是出于这种认识,杨园先生似乎将一切与王学和晚明有关的东西都从他的生命中消除了(张履祥的治学经历了"少嗜姚江,中师蕺山,晚乃一归于洛闽"的过程),上述的不入城、不参加讲会等活动正是他消除王学和晚明影响的努力之一,这些只是消极的对抗,而向程朱理学的转变,坚守和提倡则是积极的对抗。他运用程朱理学事事物物皆有定理之说来规范自己的日常行为,并以此提出了质行之说。质行之说与陈确的素位之学颇有相似之处,都是要求在日用常行之中循理而行、循礼而行。如果说顾炎武和黄宗羲关注更多的是大众民生,则张履祥与陈确则更注重个人的行为,然而无论是大众民生还是个人行为,他们比起宋明学者来更为提倡制度和礼法的作用,这可以说是清初学者的一个普遍的特征。中国历代王朝的灭亡总是有一个受到追究的末代昏君,然而明朝最后一个皇帝崇祯虽然刚愎自用,然而其一登上皇位就除掉魏忠贤宦官集团,这已经给了士大夫一个可以赞誉他的理由;亡国之后他又自缢身亡,这几乎将其治国的失误完全抵消了,虽然明遗老对崇祯帝的治国之策颇有微词,但却很少有将亡国之责推到他身上的。因此,王学流弊几乎毫无争议地成

① 张履祥著,陈祖武点校:《杨园先生全集》,中华书局 2002 年版,第 230 页。

为当时普遍认为的明亡的理由。而王学之中对情欲的解释最为受到诟病,特别是将情欲作为人性所固有,给予了当时的情欲解放提供了理论基础。而情欲的解放是被认为破坏了伦理纲常的,伦理纲常又与世道人心紧密相连,人心坏则国亡,这是一个很自然的逻辑。因此,在张履祥等学者看来,伦理纲常的恢复是最为紧迫的,因此日用常行合理,合礼自然是题中应有之义,只是张履祥及本节所论述的其他学者只是践行了这一理念而没有明确地提出这一问题,礼的恢复现在看来已经是呼之欲出了。

第三节 "以礼代理"的提出

——"《中庸》虽道书,实礼书也"

几乎在杨园推行其返归程朱的质行之学的同时,同样是尊崇程朱的山东学者张尔岐也正在进行着与杨园看似不同,实则一致的学术研究,张尔岐的学术研究,特别是其礼学研究,在清代学术史上具有筚路蓝缕之功。这其中就包括以礼代理思想的先声。[①]

张尔岐是清初最早系统研究《仪礼》的学者。[②] 这在当时虽然不是空谷足音,但是在理学笼罩的局面下,对三礼的研究确实是极为少见。张尔岐的研究,是对当时学风和社会进行反思后的结果。

明中叶以降,随着社会和经济的发展,由明初政府所推行的程朱理学越来越不适应这种发展。士大夫研习程朱理学往往只是作为自

---

① 曾国藩就将荀卿、张载、张尔岐、凌廷勘、秦蕙田等作为礼学的代表人物:"荀卿,张载,兢兢以礼为务,可谓知本好古,不逐乎俗流。近世张尔岐氏作《中庸论》、凌廷勘氏作《复礼论》,亦有以窥见先王之大原。秦蕙田氏辑《五礼通考》……"《曾国藩集》,上海启智书局 1934 年版,第 127 页。

② 彭林:《清人学术视野中的敖继公与郑玄》,收入彭林主编:《清代经学与文化》,北京大学出版社 2005 年版,第 223 页。

身的"敲门砖",而伴随着程朱理学的种种秩序和规范,甚至被当做束缚人身心发展的障碍,王学应运而生,大有取朱学而代之之势。王学宣称"心即理",提倡"致良知",并认为"良知""二字,乃是人人所自有,一提便能省览"①延及泰州学派:"其人多能以赤手搏龙蛇,传至颜山农、何心隐一派,遂复非名教之所能笼络矣。"②这种情况反映了当时学者主体意识的高扬,这诚然有助于思想的解放和对自我的探求,但是却与现行的、传统的社会秩序、伦理纲常相冲突,不利于社会的稳定。而且王学末流往往空谈心性、不济实用,以至于清初儒者多将明朝灭亡的原因归结为王学的泛滥。更值得注意的是,王阳明将是非判断的标准归之于心,所谓:"夫学贵得之于心,求之于心而非也,虽其言之出于孔子,不敢以为是也。"③也就是说,"心"是一切的根本、一切的尺度。虽然王阳明这句话是以人心固有的作为本性的良知为基础而发,然而,人心不同,有如其面,特别是在明末人欲的正当性逐渐受到重视和肯定的前提下,人心往往处在天理与人欲的纠缠中而更加难以辨别和体认。学者的心性修养受到市民文化和商品经济的冲击而变得更为艰难,那种难以言传的个人体悟,越来越不能满足学者的要求。于是,明末清初的学者转而重视外在标准,这就是当时日谱、省过会等大量出现的重要原因。④ 从中可以看出学者由内在省求到外在规范的变化之一斑。

处在这种学术变化之中的张尔岐自然不能不对之做出反应。首先,他说:"中庸之道见尊于天下也久矣,而小人每窃其说,以便其私。宋儒已力明之,至近日而复晦之何也? 盖以言中庸而不指明其物,人得本所见以为说,如覆物而射之,各设隐语,模求形似以妄意一当而

① 《王阳明全集》,上海古籍出版社 1992 年版,第 202 页。
② 黄宗羲:《明儒学案》,中华书局 1985 年版,第 709 页。
③ 《王阳明全集》,上海古籍出版社 1992 年版,第 489 页。
④ 参见王汎森:《日谱与明末清初的思想家》,《晚明清初思想十论》,复旦大学出版社 2004 年版,第 117 页。

已。……此无他,不明中庸之所指者何事,既无所持以绳其是非,故人得自美其名,以各慰器不肖如此。"①可见张尔岐清楚地认识到了那种过分追求内在自得而忽视外在规范和标准的做法。同时,张尔岐对中庸的解释也异于理学传统。他说:"愚尝读其书而思之,其主要者,两言耳:'喜怒哀乐之未发,谓之中;发而皆中节,谓之和。'中以自知,不见于人;而所为中庸者,又'发而中节'一言耳。"②不论是程朱理学还是陆王心学,其侧重点都在于内心的修养,即中庸的"喜怒哀乐未发之中",他们认为只要修养得"中",便不难"发而皆中节"。③ 而张尔岐将"中"之本体性的感悟轻轻地一笔带过,将重点归之于"发而皆中节"的效验,其学术思想的转变便一目了然了。由此推开去,尔岐指出了这种"发而皆中节"的方法和标准:"繇礼而后可以中节,中节而后可以为中庸。"④但这并不意味着张尔岐不重视"理",更不是企图"以礼代理",他以答客问的方式阐明了他的态度:"难之者曰:'礼者道之文也。子举中庸蔽之于礼,圣人之道无以加以礼乎?'曰:'礼者道之所会也,虽有仁圣,不得礼,无以加于人。则礼者道之所待以征事者也……《中庸》者,礼之所统论约说,非其详者也。而孔子告颜渊曰:'克己复礼为仁。'仁不得礼无以为行,并无以为存也,吾故断之中庸必有所指,而其所指者,断乎其为礼而非他也。"⑤可见在张尔岐看来,"礼"并不能取代"中庸""理""仁",而"中庸""理""仁"也必须靠"礼"才能体现出来,而它们只有体现出来才会产生实际的意义。从这一点可以看出,虽然张尔岐是一个坚定的程朱理学拥护者(下文将有论述),但是他已经感受到了只求内心之理的弊端,他提倡礼学,正是对空谈心性的理学末流

---

① 张尔岐著,张翰勋整理:《蒿庵集》,齐鲁书社 1991 年版,第 21—22 页。
② 同上。
③ 朱熹在《四书章句集注·中庸章句》中解释说:"盖天地万物本吾一体,吾之心正,则天地之心亦正矣,吾之气顺,则天地之气亦顺矣。故其效验至于此。此学问之极功,初非有待于外,而修道之教亦在其中矣。"可作为代表。
④ 张尔岐著,张翰勋整理:《蒿庵集》,齐鲁书社 1991 年版,第 22 页。
⑤ 同上。

的纠正，也就是将判断是非的标准和指导行动的方针从渺不可见的"心""性"转移到具体可行的"礼"。

然而，"礼"又是如何发挥其作用的呢？《中庸》讲："喜怒哀乐未发谓之中"，尔岐认为："喜、怒、哀、乐，一日之间屡迁矣。自天子以至庶人，苟非圣贤，必不能遽中节也。圣人……节之，则有物矣。不然喜、怒、哀、乐何以适得吾仁？喜、怒、哀、乐何以适得吾义？君臣、父子、夫妇、朋友之伦，祭祀、丧葬、禅代、征伐之故，百司执事、典章、仪物之数；饮食、言语、揖让、登降之节，何以明得失、生变化？富贵者何所秉以为功？贫贱、忧患者何所恃以自强？四时鬼神之所幽；山川百物之所明，天地之所统，纲纪之所维，帝王之所公以为制作，匹夫之所私以为学问；士君子之所循以为出处进退，则又何物以善其会通？吾知必礼也。"[①]"喜、怒、哀、乐"藏于人心的几微之处，宋明理学家往往强调观未发之中，时时剔除心中的气质、物欲之弊，只要心中纯然是天理或纯然是良知，便可以行事一循于理。而尔岐认为"中以自知，不见于人"，因此他强调礼的重要性，他认为只有循礼才能保证发而皆中节。由这种认识出发，尔岐将纲纪伦常、天下国家、个人修养等都归入礼的作用范围，只有循礼才能得其正。由这一点出发，我们可以看出张尔岐的礼学思想和理学的一个相似性，即程朱理学认为只要自身体验的天理纯熟，那么从临事接物到治理国家都可以得到保证，而尔岐认为只要人循礼而行，也可以达到相同的效果，也就是说在作用方面来讲，"理"和"礼"是相等的。如果我们愿意做一个大胆的猜测的话，那么可以说"理"在张尔岐的心目中的地位已经为"礼"所取代。

然而"以礼代理"的呼声毕竟是在清中叶才由凌廷堪等学者呼喊出来的，尔岐的礼学思想虽然对前人有所突破，但始终还是停留在理学的范围之内。他自身也没有像陈确、颜元等人那样对理学作出深刻

---

① 张尔岐著，张翰勋整理：《蒿庵集》，齐鲁书社 1991 年版，第 76 页。

批判,并最终走出理学。甚至他还宣称:"吾之说……亦程子、朱子之说也。"①究其原因在于:首先,清初学者惩于谈心谈性之弊,对宋明以来畅谈理气心性之风作出深刻批判,并推崇经世致用之学。当时对理学和心学的批评主要集中在实用层面,②而由"理学"到"礼学"的转变必须是对宋明以来的本体论、人性论等作出全面的重新审查之后才能做到。据张寿安先生的研究,在清代考据学全面兴起,经过戴震、凌廷堪、阮元、焦循等人对宋明理学作出全面的反思,特别是对人欲的肯定与对"理"的重新解释之后,礼学在当时蔚为风气。③ 处在清初的张尔岐只能停留在"圣人立礼节以节其外,举理义以静其内"④的阶段。其次,张尔岐对程朱理学的笃信,也使得他无法突破理学的束缚。清初诸遗老多将明亡的原因归之于王学的泛滥,尔岐也是如此。而且他更进一步从明前后期,即朱学流行期和王学兴盛期的比较来说明这一问题。他说:"明初学者宗尚程朱,文章质实。名儒硕辅往往辈出。国治民风号为近古。自'良知'之说起,人于程朱,始敢为异论。或以异教之言,诠解六经。于是议论日新,文章日丽。……圣贤微言,几扫地尽。而甲申之变至矣。"⑤由此可见,尔岐认为程朱理学的推行,使得明前期的社会秩序井然、风俗淳厚;而王学之流行,却使明中后期的士风人心大受损害,以致亡国。张尔岐的学术经历很丰富,但是最终被盖棺定论为"以程朱为阶梯""独守程朱之学无少变",⑥是与这种比较的结果分不开的。因此尔岐认定程朱提倡之"理"是不容怀疑的。在著

---

① 张尔岐著,张翰勋整理:《蒿庵集》,齐鲁书社 1991 年版,第 24 页。
② 如张尔岐也说:"论说六经者遍天下,而真儒之效不见于世"。张尔岐著,张翰勋整理:《蒿庵集》,齐鲁书社 1991 年版,第 41 页。
③ 张寿安:《以礼代理——凌廷堪与清中叶儒学思想之转变》,河北教育出版社 2001 年版,第 79 页。
④ 张尔岐:《蒿庵集》,齐鲁书社 1991 年版,第 393 页。
⑤ 张尔岐:《蒿庵集》,齐鲁书社 1991 年版,第 311 页。
⑥ 张尔岐的学术经历见《蒿庵集·日记又序》,第 174 页;对他的定论见《蒿庵集·蒿庵书院碑文》,第 181 页及《蒿庵集·刘孔怀序》第 4 页。

名的《答顾亭林书》中，张尔岐说："士生于今日，欲倡正学于天下，似不必多所著述，正当笃志力行为先务耳。……苟于博学有耻真实践履，自当因标见本，合散知总，心性天命将有不待言而庶几一遇者。……如谓（性命之理）于学人份上了无交涉，是将格尽天下之理，反以遗身内之理也，恐其知有所未至，则行亦有所未尽。将令异学之直指本体反得夸耀所长，诱吾党以去。"①可见，在张尔岐的看来，"性命之理"的追求始终是他孜孜以求的目标，而这种性命之理不言而喻是程朱所提倡之理。在尔岐的文集中，论"理"的文字不多，这不是因为他对"理"不感兴趣，而是因为他认为程朱对理已经阐发殆尽，无须再讲。

正是在这种对性命之理的执著中，可以看到尔岐礼学思想的矛盾。礼学的提倡往往要和人性论相联系。在中国传统中，论人性对后世影响最大的当属孟子和荀子。孟子认为人性本善，而荀子认为人性本恶，古圣先王制定礼仪正是为了抑制人性之恶。他说："人生而有欲，欲而不得，则不能无求，求而无度量分节，则不能不争，争则乱乱则穷，先王恶其乱也，故制礼义以分之。"②反观张尔岐，他认为礼之制作乃是因为人的"喜、怒、哀、乐"不能自然地"发而中节"，必须有礼为之节制。这种重视外在礼仪制度的思想和荀子颇为相似。③ 于是在这一点上，可以看出尔岐思想和程朱理学的裂痕：荀子认性为恶，孟子认性为善，程朱理学是站在孟子这一边来批判荀子的。这种分歧是根本的，因为如果认性为恶，那么不论是程朱的循序渐进，还是陆王的先立其大，从根本上都是站不住脚的。虽然尔岐的思想没有发展到这一步，而且从他的主观意向上，他也不想发展到这一步，但是他的思想中却隐含着这样的危险。

---

① 张尔岐著，张翰勋整理：《蒿庵集》，齐鲁书社 1991 年版，第 49 页。
② 《荀子集解》，诸子集成本，第 231 页。
③ 荀子重视礼仪制度的言论主要见于《荀子集解》，诸子集成本，第 263 页。

尔岐本身似乎并没有意识到他的学说与程朱理学之间的矛盾,他又在《辨志》中说:"人之生也,未始有异也,而卒至于大异者,习为之也。人之有习,初不知其何以异也,而遂至于日异者,志为之也。志异而习以异,习异而人以异。志也者,学术之枢机,适善适恶之辕楫也。"①这里尔岐所谓的"辨志"是指志于富贵利禄还是志于道德仁义,即儒家传统的义利之辨。其所谓的善恶,也是指行为的终判之善恶,而不是本性的善与恶。并且这篇文章和陆九渊的《白鹿洞书院论语讲义》在内容上极为相似,②但是如果做深一层的考察就会发现两者间的不同。陆九渊以"心即理"作为立说的根本,"利"可以看作是对"心"的遮蔽,因此只要通过对心的修养,去除这种遮蔽,就可以使心体呈露,表现其本然之善。而张尔岐注重"礼"的作用,在他这里"志"可以说并不是内在于本心的,而是通过外在的"礼"的实习而来。也就是说即使一个人志于"义",也并不能肯定地说这种"志"是人心本有的还是通过外在的学习而得的。这里也可以看出孟子和荀子的区别。③ 因此,张尔岐虽然将礼的地位提高,但他自身并没有相应的哲学观点的转变作为保证,没有解决外在之礼如何能达到内在之理的问题,这就不免给人"心与理终判为二",甚至"人之性恶,其为善者伪也"的感觉。

虽然如此,但是张尔岐的礼学思想却是与当时的学术界的整体的发展倾向是合拍的。对明末学风作出深刻反思之后,清初学者掀起了一股经世致用的风潮,这其中就包括古礼的复兴。一部分学者不但以古礼来检身,甚至斟酌古今,将古礼稍加变化后推行于社会(主要是乡

① 张尔岐著,张翰勋整理:《蒿庵集》,齐鲁书社 1991 年版,第 41 页。
② 陆九渊:《陆九渊集》,中华书局 1980 年版,第 275 页。
③ 这种思想发展下去,就不免出现凌廷堪所谓的"孟曰性善,荀曰性恶,折衷至圣,其理非凿,善故上智,恶亦下愚,各成一是,均为大儒"这种孟荀同尊的情况。凌廷堪:《校礼堂文集·荀卿颂》,中华书局 1998 年版,第 76 页。

村）。① 尔岐在当时虽然声光不显，但他的礼学研究却是与社会的变化息息相关的，而我们从他的思想的矛盾之处恰可以看出理学在当时依然对学者有相当的影响。这种影响只有在考据学兴起之后，特别是戴震等人的新义理观建立起来之后，才逐渐削弱。因此张尔岐的矛盾是时代的局限，不可苛责。

比张尔岐稍晚，同样看到了礼学的重要性而具有初期的礼代理思想的还有毛奇龄和陆陇其。毛奇龄的思想和治学素以怪异著称，然而也许正是因为他资格老并且不附和，所以他往往能够发人所不能发或不敢发的。他的思想中与以礼代理思想最为贴切的是"《中庸》虽道书，实礼书也"一句。② 然而，必须指出的是，正是从毛奇龄开始，理与礼的关系开始发生了变化，而对宋儒的态度也开始变得相当之恶劣。毛奇龄著作中最为后人所熟悉的是《古文尚书冤词》，此书之学术价值已有定论，大多数学者认为《冤词》虽然极尽巧辩之能事，然而《古文尚书》之伪，经过阎若璩等人的论证已经确凿无疑。然而，在《冤词》中所表现出的毛奇龄本人的思想取向却更能引起我们的兴趣。毛奇龄作《冤词》的直接动因是李塨的到访："先是，李塨来浙时，与桐乡钱生辨古文尚书真伪，既已挂其口而未成说也。急谋之先生（毛奇龄），先生忧之，会福建蔡生上书求海外尚书本。言辞侃侃，虽其说不行，而势已寖急，恐后此有伪为海外真尚书者出，则大事去矣。先生乃斋宿祷于神，急为辨，惧时日不逮，昼夜矻矻，一月两易稿，初名定论，以为不激切，不能变俗，改名冤词。于以救禹汤文武伊尹仲虺傅说周公召公君陈诸遗书。观者以为功不在孟子下。"③ 其实，以毛奇龄之学问，他不一

① 参见王汎森：《日谱与明末清初的思想家》，《晚明清初思想十论》，复旦大学出版社2004年版，第173页。
② 毛奇龄：《毛西河先生全集》，第13页，康熙刻本："至诚而圣人既能配天地以育万物，自当致中和以行教化。中庸虽道书，实礼书也。故道有洋洋而以大为大者天地也；有优优而以繁重为大者，礼也。"
③ 毛奇龄：《西河先生传》（康熙刻本），第26页。

定看不出来古文尚书是伪书，那么他为什么会如此汲汲于攻击，甚至"面折"阎若璩呢？[①] 其实，毛奇龄已经通过引用明人陈第的话表达了自己的目的："明陈第恶梅鷟攻古文之急，为之作辨，虽第亦寡学，自坐谬误，不足以洒冤。然其说有云：'夫书所以贵真，以其得也足以立极也；所以恶其伪者，以其失也，不足以垂训也。今自天子公卿大夫士庶人，服习古文而皆有裨于治理。乃不求其精而反苛责之区区竦迹之间，不亦过乎？'"[②]从这段话中可以看出，毛奇龄重视的不是《古文尚书》的真伪，他是从《古文尚书》在维持世道人心的作用方面来论证《古文尚书》的不可废，其目的也正如清代今文经学的首倡者庄存与在《古文尚书》之伪已成铁案的情况下进言《古文尚书》不可废的目的是一样的。庄存与曾说："辨古籍真伪，为术浅且近也者也"[③]，而他重视的就是《古文尚书》中那些为历代帝皇和士子自幼学习的道德戒条。这种口气与做法，与陈第及赞成陈第的毛奇龄惊人一致。这只是中国中世纪学术屈从于政治需要的一个例子而已。然而，我们从毛奇龄的态度中却可以清楚地看到，西河先生更关注的正是学术在维持世道人心方面的作用，正是从这一点出发，他重视"礼"的作用。

与清初大多数遗老一样，西河先生认识到了清谈对政事、学术的危害，因此他是反对"无事袖手谈心性"的讲学而提倡躬行实践的，而实践必须有行动的准则，这就是"礼"。毛奇龄之子毛远宗在毛西河《全集》的编纂前言里说："先生素薄讲学，谓圣功宜躬行不宜论说，惟经术晦蚀，断须极为辨定。"如上所述，明末清初重视躬行实践，重视日用常行的学者那里，"礼"都得到了相应的重视。不论是王学学者还是朱学学者，甚至是非理学中人，都认识到了空谈的危害和礼作为外在可见标准及公共标准在个人行为中和社会秩序中的重要性。然而，作

***

① 毛奇龄：《古文尚书冤词》卷二（康熙刻本），第 3 页。
② 毛奇龄：《毛西河先生全集》，《古文尚书冤词》卷一（康熙刻本），第 9 页。
③ 龚自珍：《龚自珍全集》，上海人民出版社 1975 年版，第 141—142 页。

为清初著名遗老之一,毛奇龄也重视实行思想和礼乐的结合:"予尝谓讲堂之设,不宜讲诚正之学而宜讲治平之学:诗书礼乐,即治平所有事也。……后有兴者,当守其说曰:'诚正在力行,治平在讲论。'"①诚正者,内心之学也。诚正本身是不可见的,只有通过外在行为才可以反映出内在修养,因此,毛西河认为诚正必须力行;而治平之学,诗书礼乐等,一讲明即可实行,它们本身就是显而易见外在的,是立即可以实行的,因此讲论所重在诗书礼乐符合古人原意和与时俱进。毛西河重视外在表现还可以找到旁证,那就是他在解释《大学》入手第一步时认为,"诚意"乃是《大学》之本,为什么"诚意"乃是《大学》之本呢? 因为他认为:"修身又以诚意为本。虽身有心意,不分先后而诚意之功则先于正心。何则? 以意之所发始知有善不善。亦意有所发,始能诚于善与诚于不为不善。正心时,无是事也。是以"诚意"二字为圣门下手第一工夫。""意即道也,谓意之得乎善而当乎诚,即谓之道。"②在理学传统中,"心"之地位始终是高于"意"的,不论是程朱还是陆王都认为:"意乃心之所发",心是比意更为根本的概念;刘宗周针对王学流弊提出"意根"之说,然而他是从意乃心之定盘针的角度而言,并且他走的还是以意见心的路子。而毛奇龄所谓的"诚意是圣门下手第一工夫",竟然只是从意可见而心不可见的角度上来说,这是不符合理学传统的。因为"意"虽然是可见的,但是按照宋明理学的传统,意乃是憧憧往来的,只有对控制意的心进行修养和克制,则心正自然意诚,从诚意着手乃是清水之流,水之源泉不加清理,则水之流派永远不可排除污浊之可能。但是如果从毛奇龄的角度来看,"心"或"理"之豁然贯通,人人心理之合一与同一似乎是一个永无可能达到之境界,在《论语稽求篇》中,毛奇龄表达了这样的观点:"宋朱氏注(朱熹《四书章句集注》)似与圣门之所记稍有龃龉。先仲氏曰:'此宋儒之书,非

---

①　毛奇龄:《毛西河先生全集》(康熙刻本),第2页。
②　毛奇龄:《毛西河先生全集》(康熙刻本),第4页。

夫子之书'尝欲取义理,探其旨趣,剖析讨论务为可安。而义理广大,就仁智所见皆可以为争执。而至于旨趣精微,显隐毫末,离朱不能视、子野不能听。是者既不敢自直而相安于非者。即欲骤为刊之,而无所证定……凡夫礼仪、器制、方名、象术、文体、词例皆事物也。如人身然:义理者,府藏也,事物者耳目也。府藏人所不见,我以为府而人比以为藏也:何从质辨? 惟耳目昭昭在人,有指耳而称目,指目而称耳者乎? 义理难明,则吾以事物明之。"①可见,在毛西河看来,对义理的见解人人各异,只有通过可见的事物才能证明不同义理的真伪。在这种角度之下,个人行为中"礼"相对于"理"的优势就显示出来了。因此,在解释《中庸》之时,毛奇龄主要着眼于《中庸》来自于《礼记》这一事实,尽量将《中庸》之内容靠近现实可行之"礼"。《中庸说》"鬼神章"后:"此下数章皆庸德之以诚身而达天下者,其在《中庸》本事是道,而在礼记则即此是礼,曾有讲道而不识礼者乎?"又引章泰占:"礼即是《中庸》之道,无过无不及者。况中庸礼记,凡五达九经无非是礼。""非礼不动则所行中礼,凡内中外和皆兼之。"②重视礼的作用则礼之学习是必要的,因此毛奇龄同样强调"教"之作用:"第人之生质不齐,有本性而得乎天,有因教而成乎人者。因之同一知行而有生安学利困勉之不同,分为三等。实则教即是性,人道即是天道。""天人安勉,总归一致。人可不戒慎恐惧,务勉强以成教事乎!"③我们可以看到在毛西河这里,对"礼"的理解已经提升到了神道设教的高度,并且用生知与困知最后皆可如圣人之道的说法作为其强调"礼"之作用的基础,这样外在的"礼"似乎就可以转化为内在的"天道",这样礼的作用就似乎代替了程朱理学中"格物"的作用。当毛奇龄屡屡批评程

---

① 《论语稽求篇》,《毛西河先生全集》(康熙刻本),第1页。
② 分见王奇龄:《毛西河先生全集》(康熙刻本),第13页;《中庸说》卷四,第2页;《中庸说》卷四,第13页。
③ 《中庸说》卷四,第4页、第1页。

朱特别是朱熹的《四书章句集注》和他的格物说的时候，这种倾向就更明显了。

毛奇龄在清中期宋学与汉学的巅峰对决的《国朝汉学师承记》和《汉学商兑》又出现在了被程朱理学批判对象中，然而让人感兴趣的是，他居然被《汉学商兑》的作者同时也是号称当时宋学中流砥柱的方东树列为考据学的头号人物，这不能不让我们对毛奇龄的学说进行深思。① 毛奇龄一向被认为是王学学者，然而他对王阳明批评起来也是毫不客气，他说："王氏阳明刻古本大学，犹不得其旨（指格物致知之旨）"②，格物致知乃是宋明理学的一个大题目。可以说，对格物的理解的分歧是程朱与陆王之间的一个根本的分歧。毛奇龄对王阳明格物的批评可以说他已经不是王学的忠实信徒。那么，为什么在方东树对反理学的批评中却首当其冲呢？在《汉学商兑·序例》中，方东树指出，批评程朱理学的人有三种目的："一则以其（理学）讲学标榜，门户分争，为害于家国；一则以其言心言性言理坠于空虚心学禅宗，为歧于圣道；一则以其高谈性命，束书不观，空疏不学，为荒于经术。"而他认为毛奇龄之所以要批评宋学的原因则是："杨慎、焦弘、毛奇龄辈，则出于浅肆矜名，深妒《宋史》创立《道学传》，若加乎《儒林》之上，缘隙奋笔，恣设诐解。"③可见在方东树看来，毛奇龄似乎只是出于嫉妒之心而无学术之实。朱维铮先生在写为《汉学师承记》和《汉学商兑》所写的导言中指出："然而他（方东树）首攻毛奇龄则颇为蹊跷。毛奇龄治学向以怪异著称，曾给朱熹的神主吃戒尺以表示对《四书集注》的憎恶，但又曾著《古文尚书冤词》以表示对阎若璩考证传世《古文尚书》经传

---

① 方东树：《汉学商兑》，钱锺书主编，朱维铮执行主编：《中国近代学术名著·汉学师承记(外二种)》，三联书店出版社 1998 年版，第 240 页。方东树第一个批判的就是"毛奇龄《西河集》"对道学的论述。

② 《毛西河先生全集》(康熙刻本)，《大学证文》卷三，第 8 页。

③ 方东树：《汉学商兑》，钱锺书主编，朱维铮执行主编：《中国近代学术名著·汉学师承记(外二种)》，第 235 页。

皆伪的否定。"同时指出,方东树、李元度等之所以将毛奇龄列为攻理学、倡汉学的代表主要是为了:第一,利用毛奇龄的恶名将汉学搞臭,因为江藩本身即有小毛奇龄的名声。[①] 然而,这两条原因似乎并不足以说明方东树反感毛奇龄的原因。从方东树指出的汉学家认为的理学的流弊中我们可以看出,毛奇龄符合第二、第三条,这在上文中已有论述;第二,毛奇龄在主观倾向上还是倾向于王学,《古文尚书》与理学最为密切相关的虞庭传心之说虽然对程朱重要,但是在认"心即理"的陆王那里更为重要,所以不能认为毛奇龄维护《古文尚书》就是为程朱说话;第三,毛奇龄以礼学解释《中庸》的做法,方东树不可能不知道,而在方东树的时代,以礼代理已经成为主流。这种风气正是方东树所深恶痛绝的,因此,他对毛奇龄的批判深层次也包含了对以礼代理的批判。从考据学的角度对"理"进行重新的解释乃是戴震等人新义理学的一个重要方面,而认为在圣贤经书中没有对"理"的论述而只有对"礼"的论述是新义理学的一个理论依据。在毛奇龄的文章中我们也看到了这一点:"修身则道立,尊贤则不惑,……怀诸侯则天下畏之。(毛奇龄解释道)章句(《四书章句集注》)谓不惑于理,不眩于事,亦非是。六经无说理之文,况朝廷官府,凡议论讲辨见于简册者,并不曾有一理字,理是何物?"[②]戴震也认为:"六经、孔孟之言以及传记群籍,理字不多见。"[③]这都是从考证的角度论证宋儒之"理"于圣贤古籍之无依据。毛奇龄甚至大有将"理"驱逐出圣贤之域的意味,在这种情况下,他遭受到方东树的批评是在情理之中了。戴震言:"以理为学,以道为统,以心为宗,探之茫茫,索之冥冥,不如反求之六经,"方东树反驳道:"此论乍观之,颇似笃正。徐而详之,实谬悠邪说。"[④]戴震的这种说法

① 方东树:《汉学商兑》,钱锺书主编,朱维铮执行主编:《中国近代学术名著·汉学师承记(外二种)》,《导言》第 19 页。
② 《毛西河先生全集》(康熙刻本),《中庸说》卷四,第 11 页。
③ 戴震:《孟子字义疏证》,中华书局 1982 年版,第 4 页。
④ 方东树:《汉学商兑》,第 274 页。

在方东树看来是将道、理、心与六经分离了开来。而反观毛奇龄的学说，他认为"是故君子欲秉性之德以行配天地做礼仪威仪之道，则必尊德性以尽天命之性，然后可以配天地；道问学以行修道之教，然后可以做礼仪威仪"。[①] 同样是将尊德性与道问学分割开来，而不是像程朱提倡的那样穷致事物之理而豁然贯通。可见，由于对理与礼、尊德性与道问学关系等的认同，毛奇龄其实已经是清初"以礼代理"的一个先声，他遭到方东树的攻击是情理之中的。同时也可见，清中期"以礼代理"说的兴起是有清初若干学者为其铺垫的。

---

① 《毛西河先生全集》(康熙刻本)，《中庸说》卷四，第 11 页。

第四章　儒学由内到外的转变及其影响

第一节　由"内在超越"到"外在规范"的转变及原因
——"自刘蕺山绝食而死后,此学随明亡而亡"

无论是朱子理学的理气二元不离不杂的思想还是王阳明的超越"理"具有的现在内在的"气"之中的思想,都毫无疑问地表明了他们是儒家心性之学的一个分支。虽然王阳明具有强烈的"内在一元"的倾向,但是这种倾向始终没有突破心性之学的范围,他与王廷相、颜元、戴震,甚至是陈确那种完全丧失了"天道性命相感通"与超越天道的体证与向往的"内在一元论"是完全不同的,而这种不同正标志着心性之学的消亡。①

心性之学的消亡在当时的一大表现就是理欲关系对立的消解。如在第二章论述的那样,刘蕺山的弟子陈确在当时虽然影响不大,但是他与黄宗羲关于理欲的论证却在双方都不知情的情况之下宣告了心性之学的逐渐退位。陈确在《性解·上》中言:"孔子曰:'性相近',孟子又道性善,论自此大定,学者可不复语性矣。荀、韩之说,未尽蠲告子之惑。至于诸儒,惝恍弥甚。故某尝曰:孔子之旨,得孟子而益

---

① 牟宗三先生以为,心性之学乃是"自刘蕺山绝食而死后,此学随明亡而亡",见牟宗三:《从陆象山到刘蕺山》,上海古籍出版社 1999 年版,第 541 页。而刘述先则认为黄宗羲乃是心性之学的最后之殿军,参见刘述先《黄宗羲心学的定位》,浙江古籍出版社 2006 年版,第 108 页。我们这里采取刘述先先生的观点。

明,孔孟之心,迄诸儒而转晦,皆由未解孟子性善之说,与《易》'继善成性'之说故也。"①这是陈确的基本纲领,在这里陈确承认"性善",这自然是符合孔孟原意及宋明理学的立场,然而,如果他认识到他所谓的"诸儒"也是认为性善,那么应该不会有什么问题了,但是他却将孔孟与后儒对立了起来,这又是为什么呢? 他说:"故性一也,孟子实言之,而诸家虚言之……""孟子而后,性学日淆。至于濂、洛,庶几复旦,而所谓刚柔善恶(濂溪说),气质义理(源出横渠)之说,去告子所见,不甚相远。诸子言虽人人殊,要之不离二家,近是,而告子独擅宗风矣。至于'才说性便以不是性'(明道语)更不解是何语。"②至于程朱将"性"分为天命之性与气质之性的做法则更是深恶痛绝,都看作是西来幻语即佛教之说。这正是陈确站在一元论的立场上,对程朱理学那种超越的二元论无法理解之处,同时也是他虽然列入刘宗周门墙,却未得蕺山真传的表现。同时,他又在《气情才辨》中发挥其关于性善之见解:"一善也,推本言之曰天命,推广言之曰气、情、才,岂有二哉! 由性之流露而言谓之情,由性之运用谓之才,由性之充周而言谓之气,一而已矣!""后儒无识,罔欲调停孟、告之间。就中分出气质之性,以谢告子;分出本体之性以谢孟子。不知离却气质,复何本体之可言耶? 又曰'既发之谓情',曰'才出于气,故皆有不善'。不知舍情才之善,又何以明性之善? 皆矛盾之说也。"③这里,陈确想要将本体之性合于气质之性,或者说他根本不承认气质之性之外还有本体之性,这当然是从刘宗周那里转手而来,然而我们不能认为这是刘宗周的本来思想,毕竟刘宗周有"独体"意根为其性善说作为保证,而陈确根本不顾性善之本,只是从性善之说立论,将他所认为的"性"之表现的气、情、才作为性善的标志。然而我们需要看到的是:气、情、才皆是经验层面的,经验层面纷

---

① 《陈确集》,中华书局 1979 年版,第 447 页。
② 同上书,第 448—449 页。
③ 同上书,第 451—453 页。

繁复杂无法作为性善之保障,因此孟子才要从四端反推至于内心之善,才要论证本性之善。因此,陈确之学说并不符合孟子之原意。同时,正是由于陈确认为性之善要从气、情、才等才可以发现,他认为:"人性无不善,于扩充尽才后见之。"而由这句话反推一下,从不善之气、情、才反推是否可以得出性不善之结论呢? 黄宗羲也正是从这个角度对陈确提出质疑的:"老兄云:'人性无不善,于扩充尽才后见之'……夫性之为善,合下如是,到底如是。扩充尽才而非有所增也,即不加扩充尽才而非有所减也。……若比扩充尽才,始见其善,不扩充尽才,未可为善,焉知不是荀子之性恶,全凭矫揉之力,而后至善乎?"①其实只有承认性善乃是行善之本体论依据才可以无条件地接受性善说,如果要依赖扩充尽才之功,则性善与性恶皆有理由,无法说清。更为危险的是,陈确不但对性善之说提出不同的本体论依据,对理欲关系也有相似看法:"周子无欲之教,不禅而禅,吾儒只言寡欲耳。圣人之心无异常人之心,常人之所欲亦即圣人之所欲也,圣人能不纵耳。饮食男女皆义理所从出,富贵功名即道德之攸归,而佛氏一切空之,故可曰无,奈何儒者而亦云耳哉! 确尝谓人心本无天理,天理正从人欲中见,人欲恰好处,即天理也。向无人欲,则亦并无天理之可言矣。"②所谓"人心并无天理,天理正从人欲中见"是典型的以人欲为首出,这是对存理灭欲的最大破坏,儒家从来就没有要灭欲,程朱理学讲存天理灭人欲者,乃是消除不正当或者过分的欲望。以天理为根本,则顺应天理有本体论之依据;以人欲为根本,则容易导致人欲横流。正因为如此黄宗羲才批评陈确的理欲说:"必从人欲恰好处求天理,则终身扰扰,不出世情,所见为天理者,恐是人欲之改头换面耳。"在陈确与黄宗羲的争论中我们可以看到,黄宗羲还能保持住本体之超越性,并且在理欲的对立中保持壁立千仞的界限。如果如陈确所说,人欲可以寡而

---

① 见黄宗羲:《与陈乾初论学书》,《黄梨洲文集》,中华书局 2009 年版。
② 《陈确集》,中华书局 1979 年版,第 461 页。

不纵,那么依据的原则是什么呢？如果是外在标准则近于荀子;如果是内在规范,则宋明儒的心性修养就不无道理。看起来陈确的学说本身就存在着自相矛盾的地方,然而无独有偶,清中期的戴震就有很多学说与陈确如出一辙:"后儒见孟子言性,则曰理义,则曰仁义礼智,不得其说,遂于气秉之外增一理义之性,归之孟子矣";"理者,存乎欲者也!""凡事为皆有于欲,无欲则无为矣。有欲而后有为,有为而归于至当不可易之谓理。无欲无为,又焉有理?"①同样是强调义理之性归于气质之性,同样是强调欲为首出,天理乃欲之合理处。钱穆先生评论戴东原:"孟子所谓性善者,谓人人之性皆有善也,非谓人人之性皆善也。孟子书中亦明明分说两种境界,而东原必归之于一,又不归之于仁义,而比归之于食色,是东原之言近荀子之性恶,断然矣。"②我们认为这两种境界的不分别,正是心性之学结束的标志,而东原之言近荀子之性恶,则陈乾初之说近荀子也是断然矣。

这两种境界对立的消失,并不限于陈确,在稍后的颜元等人那里表现得也很明显。颜元对于宋明理学似乎缺乏同情之了解,而极尽批评之能事。他认为正是理学"无事袖手谈心性,临危一死报君王"的空谈导致了宋明的灭亡,他同时也指出画鬼容易画马难,宋明诸儒侈谈心性,是用"画鬼"来掩饰他们的无能。同时他认为,性是不可以言传的,而先圣都不侈谈心性。在心性问题上,他对宋儒的气质、义理两分提出了强烈的批评:"(宋后诸儒)明言气质浊恶,污吾性,坏吾性。不知耳目、口鼻、手足、五脏六腑、筋骨、血肉、毛发俱秀且备者,人之质也,虽蠢,犹异于物也⋯⋯故曰人为万物之灵,故曰人皆可以为尧舜。其灵而能为者,及气质也。非气质无以为性,非气质无以见性也。今乃以本来之气质而视为污性、坏性、害性之物,其势不并本来之性而恶

---

① 戴震:《孟子字义疏证》,中华书局 1982 年版,第 13 页、第 17 页、第 43 页。
② 钱穆:《中国近三百年学术史》,商务印书馆 2005 年版,第 363—364 页。

之不已也。"①这里颜元就走上了一元论的道路,将义理之性归于气质之性之中,不承认义理之性的存在,并且认为气质乃是人之所以为人的灵气,是与草木鸟兽不同的依据。那么气质又是如何作用的呢?颜元的回答就是,性道非由空谈而必须经过实行才能为人所接受,"吾儒日言性道而天下不闻也,日体性道而天下相安也,日尽性道而天下相望也。惟言乎性道之作用,则六德、六行、六艺也;惟体乎性道之功力,则习行乎六德、六行、六艺也;惟各究乎性道之事业,则在下者师若弟,在上者君臣及民,无不相化乎德与行艺,而此外无学教、无成平也。"②可见,在颜元看来性道主要体现在实践之中,这既不同于程朱的内外双修,敬义夹持,又不同于王学的致良知于事事物物。特别是颜元将性道之实践规定为六德、六行、六艺,这三者虽然是古之圣贤所重视的实践活动,但是毕竟性道体现之方面减少了很多。因此,可以说颜元的心性论既没有超越义,也缺少了万物一体的境界,而主要是强调了心性的不可空讲。这样所带来的问题就是:六德、六行、六艺只是外在表现,经由习练可以掌握和达到,特别是六艺(礼、乐、射、御、书、数)偏重于技能方面,与心性之关系并不密切,因此,颜元必须解决的问题就是,人行为中恶的成分是如何来的呢?他认为是"引蔽习染"而来。颜元认为人之性乃是纯善的,甚至以此为依据攻击程朱气质之性说乃是性恶论:"程子云:'论性论气,二之则不是。'又曰:'有自幼而善,有自幼而恶,是气秉然也。'朱子曰:'才有天命,便有气质,不可相离。'而又曰:'既是此理,如何有恶?所谓恶者,气也!'可惜二先生之高明……一舌两口而不自觉!若为气恶,则理亦恶,若谓理善,则气亦善。盖气即理之气,理即气之理,乌得谓理纯一善而气质偏有恶哉!"③其实,程朱从来就不认为"气即理之气,理即气之理",他们认为理先于气,先有

---

① 颜元著,王星贤等点校:《颜元集》,中华书局1987年版,第15页。
② 同上书,第33页。
③ 同上书,第21—22页。

是理而后有是气。理纯善而气有清浊,这是导致恶产生之原因,而气产生之恶,并不影响理之纯善。由于颜元将理气合一,以理为气之理,因此才会产生如此误会而批评程朱。也正是由于此,他才认为人行为"其恶者,引蔽习染也。"①亦即恶之产生乃是由于财色等对人之诱惑而来。并且他进一步总结认为,恶都与爱有关,乃是"误爱之罪也""皆一误为之也""气质偏驳者易流,见妻子可爱,反以爱父母者爱之,父母反不爱焉;见鸟兽草木可爱,反以爱人者爱之,人反不爱焉;是为贪营、鄙吝。……皆非爱之罪也,误爱之罪也。又不特不仁而已也。至于爱不获宜而为不义,爱无节文而为无礼,爱昏其明而为不智,皆一误之罪也,固非仁之罪也,亦岂恻隐之罪哉?"②不论如何论述,颜元都始终在试图说明人性之纯善无恶。颜元论性比较著名的说法是"棉桃喻性",用棉桃之核喻天地混沦,用两瓣喻阴阳,用棉桃之生长喻人之生成,用加工棉桃之工序喻人之教育,用衣服喻人之情才,以此证明气质之性是一非二。其实,棉桃喻性正如陈确的气情才皆善论一样,隐含着一个问题就是:棉桃是经过加工而成为有用之物,那么如果证明棉桃本身即是有用的呢?人性也是如此,如果经过教育才显出善的作用,则如何证明没有经过教育之人性乃为善的呢?经过教育之善,乃是实然,实然不等于本然,而对本然之探讨无法用实践中切实可见之行为来证明,以实然为本然自然无法服宋儒之心。同时需要指出的是,棉桃之核已经是有生之物,其作用与宋儒所谓的先天地而有的理是无法相提并论的,因此这个譬喻并不恰当。然而我们却可以从这个比喻中看到颜元和陈确思想中的相通之处。这也许是清初持一元论之思想的学者共同的特点,正是这种特点表明儒学超越性的逐渐消失,心性之学已经消解。

与陈确相比,颜元更为重视礼学,这与其人性论是相适应的,因为

---

① 颜元著,王星贤等点校:《颜元集》,中华书局1987年版,第2页。
② 同上书,第24页。

在认定气质之性为唯一之时，以外力规范气质之作用，乃是达到性善之关键，而礼作为行为规范最为适宜。颜元极为重视礼，他说："道莫切于礼，作圣之事也。今人视礼之精巨者曰不能，粗细者曰不必，是使圣人无从学也。有志者，先其粗，慎其细，学得一端，亦可。即如出告、反面，苟行之，家道不亦秩，孝悌不亦兴乎！"①礼在颜元看来是和作圣相联系的，由此可见礼在颜元思想中地位之重要。颜元自身在日常生活中积极进行礼之实践："仆不自揣，勉力于礼，尝率三五庸俗弟子，习行于敝斋。凡家中冠昏丧祭，不敢不如礼。"②当时，颜元之重视礼在北方已经颇负盛名，有很多人不远千里拜在门下，就是为了向他学礼，可见当时很多学者已经重视礼之作用。张尔岐对《仪礼》的研究、毛奇龄对礼的重视及颜元对礼的力行等都表明了这一点，然而这也正预示了一种学术风气的变化：由超越义儒学向经验层儒学的转化。理学作为超越义的儒学，是以孟子为归宿的，孟子的四端之说，人性本善之说在宋明理学中具有根本之意义。承认性善之"根本如是，到底如是"，乃是宋明理学的话语基础，程朱理学之两分气质与义理，正是用义理之性保证性善之超越性。而陆王之"心即理"也是认为心即是为善之根本，其性善之超越性并不消减。以邹守益等为代表的工夫派重视日用常行，乍看之下与陈确、颜元等有相似之处，然而工夫派中人从来都是以理之超越性为依据的，因此他们不可能提出满街皆是圣人之说，因为其重视日用常行只是将对超越之理的追求融入到切实可行的行动中去，而行动本身的合理只是手段而已。陈确的重视日用常行则不同，他认气质为唯一，认人欲为首出，其日用常行之重视，乃是处处遵循理之要求，是从日用常行中体认天理，而不是以天理指导其日用常行。可以说，工夫派之日用常行乃是天理之体现，而陈确之日用常行乃是天理之规定。因此，工夫派是顺应万物，情顺万物而无情；陈确则

---

① 颜元著，王星贤等点校：《颜元集》，中华书局1987年版，第788页。
② 同上，第458页。

是为万物所制,其所谓天理者,难以保证不是人欲之改头换面。至于颜元,这种倾向更为严重,他在人性论上与陈确如出一辙,而在礼之重视上比陈确有过之而无不及,甚至付出更多努力恢复古礼。他们二人都认为恶之出现乃是习使之然,然而同样之环境为什么有人为善而有人为恶呢? 这是他们无法回答的问题。在这种情况下,具有超越意义之宋明理学仍然可以说性善,而陈确、颜元等就会遇到无法解决之局面。对礼之重视乃是儒家之传统,而将"礼"发扬光大者,乃是荀子。孟、荀可分别作为"理"与"礼"的代表。荀子在论述礼产生的原因时有如下论证:"礼起于何也? 曰:'人生而有欲,欲而不得,则不能无求,求而无度量分界,则不能不争,争则乱,乱则穷,先王恶其乱也,故制礼义以分之,以养人之欲,给人之求。使欲必不穷乎物,物必不屈于欲,两者相持而长,是礼之所以起也。'"在论述性恶之时,荀子言:"人之性恶,其善者伪也。今人之性生而有好利焉,顺是故争夺生而辞让亡焉……然而从人之性,顺人之情,必出于争夺合于犯份乱理,而归于暴,故必将有师法之化,礼义之道。"[①]可见,在荀子看来,性恶与礼之兴起之间有必然之联系。而陈确、颜元等人确认心性论从气质之性出发,在不知不觉中已经掉进了荀子的性恶论的前提之中,即人"生而有欲",及"顺人之情"使合于理。从气质之性起念与以人欲为首出,都是从人之躯壳着眼,以经验界为出发点讨论心性问题。这样做的结果就是心性之超越意义煞减,最终只从行为之结果论述性善。而至清中叶,考据学的兴起及对宋明理学的理解更加肤浅,最终使得连性善之藩篱都无法守住,而只能一味依赖外在规范了。

凌廷勘作为清中期"以礼代理"之代表人物,由其观点可以窥此思潮之一斑。凌廷勘在论述人性观时,对性善还是性恶之问题,很为模糊:"然则人性初不外乎好恶也。爱亦好也。故正心之忿懥、恐惧、好

---

① 荀卿:《荀子》,丛书集成本,第 136 页、第 171 页。

乐、忧患,齐家之亲爱、贱恶、敬畏、哀矜、敖惰,皆不离乎人情也。《大学》性字只此一见,即好恶也。"①以好恶论性,已然不符合儒家之传统,也不能为清初诸儒所同意。然而在说到性善之立论点时,其所论与荀子更为相似:"夫人有性必有情,有情必有欲。故曰:饮食男女,人之大欲存焉。圣人知其然也,制礼以节之,自少壮以至醪髦,无一日不囿于礼而莫之敢越也。制礼以防之,自冠婚以逮饮射,无一事不依乎礼而莫以敢渍也。"在对孟子和荀子的态度上,我们也可以看出他似乎更倾向于荀子:"若夫荀卿之书也,所述皆礼之逸文,所推皆礼之精意。……夫孟氏言仁必申之以义,荀氏言仁必推本于礼……后人尊孟而抑荀,无乃自放于礼法之外乎!"②可见,由于对宋明儒学的不理解,对孟子所言之超越意义也连带地变得模糊。以气质见性的思想最终消除了性之超越意义,也由于此,理之地位也让位于礼。理之地位让位于礼乃儒学发展另一背反,中国历史的三代时期乃是"礼"制社会,其时所谓"国之大事,在祀与戎",而不论是祭祀还是战争都是循礼而行。家庭内部与个人交往之间也是如此,孔子一生致力于礼之恢复正是其回归三代之重要手段。战国时期乃是礼制之破坏时期,在此期间孟子提出性善论来挽救世道人心。性善论是后世理学人性论之根本,那么为什么孟子不像孔子那样重新提倡礼之恢复呢? 宋明儒也不是没有认识到礼之重要意义,朱子《仪礼章句集注》《朱子家礼》等著作都充分证明了他对礼的重视,那么为什么他们要用理取代礼之地位呢? 清初方苞言:"余读《仪礼》,尝以谓虽周公生秦汉以后,用此必有变通。及观《孟子》,乃益信为诚然。孟子之言……凡昔之圣人所为深微详密者,无及焉。岂不知其美善哉? 诚势有所不暇也。……其言性也,亦然。所谓践行养气,事天立命,间一及之。而数举以示人者,则无放其良心,以自异于禽兽而已。既揭五性,复开以四端。……盖其忧世也

---

① 凌廷勘:《校礼堂文集》(四部丛刊本),第302页。
② 同上书,第245页。

深,而拯其陷溺也迫,皆昔之圣人所未发之覆也。呜呼!周公之治教备矣,然非因唐虞夏殷之礼俗,层累而精之,不能用也;而孟子之言,而更乱世承污俗,旋举而立有效焉。有宋诸儒之兴,所以治其心性者,信微且密矣,然非士君子莫能喻也。而孟子之言则虽夫人小子,一旦反之于心而可信为诚然。然则自事其心与治天下国家者,一以孟子之言为始事可也。"①在方望溪看来,"礼"之实行必须要有一个连续积累的过程,同时也要适应时代的发展。在礼制遭受到破坏的战国时期,孟子用简易直接、直指心性的做法,对挽救陷溺之人心和移风易俗起到了立竿见影的效果——这就是心性之学与礼学相比的优越性。同时,礼之实用性必须与社会之发展相适应,而心性之学则具有根本性,不受时间和空间的限制,虽然无论是东方还是西方在伦理学上都有一个难以回答的问题即"我为什么要道德?"但是,性善论从根本上可以起到维持道德秩序,保证个人与群体和睦相处的作用。只有承认性善,以天理为首出,则人固有之理性思维可以发挥其作用,保证人情感、欲望等处于合理之范围内。而以人欲为首出,则荀子所谓之"性恶"获得根本之依据,对于道德问题的解决只能依靠礼仪、法律等外在强制性之规范来保证,而道德修养就得不到应有之重视。

清中叶提倡以礼代理之学者在天理与人欲之关系上,除了在程度上有所差别之外,都是以人欲为首出。刘述先先生认为戴震之哲学是"以欲为首出的哲学",是儒家哲学的另一个典范,以别于宋明理学。②戴震认为,德与欲都源于天,是性的成分。欲是生生之仁,必须使其得到顺遂;而德乃是心知之明,有择善的能力,可使人之行为归于善:"性之欲,其自然之符也;性之德,其归于必然也;归于必然适全其自然,此

<hr>

① 方苞:《方望溪全集》,中国书店 1991 年影印版,第 13 页。
② 刘述先:《有关理学的几个重要问题的再反思》,收入《国际朱子学会议论文集》,台北文哲研究所 1993 年版,第 263—294 页。

之谓自然之极致。"①这里所谓的性善已经不是宋儒所谓之天理之性善。必然并不等于自然，由于人之情感、思维方式、外在环境等影响，即使认为性善乃是心性根本之学者也无法保证其能达到性善之天理。因此，戴震所谓的"欲"必须经历的以"知"择善从而达到"善"的过程是无法保证的。无论如何，戴震并没有否定"理"只是其求理之方法，对理之认识与宋明儒不同。而到了凌廷勘，则从经典考证之角度，对"理"及理"字作出全面之否定："考《论语》及《大学》皆未尝有理字，徒因释氏以理事为法界，随援之而成此新义，是以宋儒论学往往论学理事并称。……无端于经文所未有者，尽援释氏以立帜。……故鄙儒遂误以理学为圣学矣。""夫《论语》者，圣人之遗书也。说圣人之遗书，必欲舍其所恒言之理，而事事附会于其未言之理，是果圣人之意邪？后儒之学，本出释氏，故谓其言之弥近理而大乱真，不知圣学礼也不云理，其道正相反，何近而乱真之有哉？"②凌廷勘一从考证之角度提出理字之不见于经典，二从佛教对理学有影响之角度，屡言理学与理乃是学释氏而来。大有将理学剔除出儒学之列之势，而他用来取代理学的正是他所提倡的礼学。宋明儒对心性之辨析，乃是从道德修养之角度，以体认天理之方式，重回人性固有之善，"而在廷勘看来，道德实践须借诸礼，变化气质也得借诸礼，至于人性是善是恶，根本无大关碍。"③清中叶这一礼学思想之蔚兴，以戴震等为首，而以凌廷勘最为明显而激进。其时最为明显之表现乃是荀子地位提升并逐渐取代孟子之地位，当时的大家如钱大昕、卢文弨、汪中等都从训诂的角度对荀子人性论给予了新说。④ 张寿安先生指出"荀学在清中叶复兴，是清代学

① 戴震：《孟子字义疏证》，中华书局 1982 年版，第 85 页。
② 凌廷堪：《校礼堂文集》，中华书局 1998 年版，第 345 页、第 43 页。
③ 张寿安：《"以礼代理"——凌廷勘与清中叶儒学思想之转变》，河北教育出版社 2001 年版，第 47 页。
④ 钱大昕：《潜研堂文集》，上海古籍出版社 1986 年版，第 67 页；卢文弨：《抱经堂文集》（四部丛刊本），第 235 页；汪中：《新编汪中集》，广陵书社 2005 年版，第 47 页。

术思想史上的一件大事。荀孟地位之升降，不只意味知识界对人性之情欲问题有了正面看法，也意指道德实践走向要求外在仪则之途"。①其实，这种外在仪则的作用无非是矫也。正如方望溪所言："凡物矫之久则性可移，而况人性固有之善乎？"②方望溪虽然后来被推为清代程朱理学之代表，但是以物性之移来类比人性固有之善表明他对程朱理学之精义并不了解，然而他的这个说法正好可以说明清初及清中期学者在理与礼的关系上如何一步步由内在修养走向外在规范。

第二节　清代士大夫气节之转变
——"考证兴而气节亡"

"理"与"礼"关系之转变在儒学发展史上，绝不仅仅表征着内在修养与外在规范之变化，这种转变还深刻影响了士大夫之气节及其立身行事。

气节与立身行事是士大夫所最为重视的方面之一，气节与立身行事之转变，自然不是从清初开始的，但是在顺情遂欲与气节转变之间却可以找出千丝万缕的联系。清初唐甄论述当时的风气时说："吾处吴中三十年矣，未尝见一贤人焉。吴地胜天下，典籍之所聚也，显名之所处也，四方士大夫之所游也；多问多见，士多英敏，岂无贤焉？而未见一贤者，盖以甄之不敏，非见贤之人，是以吴中虽有贤，不可得而见也。"这里所谓的不见贤人是指什么人呢？当时的吴中士子是一种什么状态呢？黄宗羲给出了描述："风俗颓弊，浙中为尤甚，大率习软美之态，依阿之言，而以不分是非，不辨曲直为得计，不复知有忠义、名节

① 张寿安：《"以礼代理"——凌廷勘与清中叶儒学思想之转变》，河北教育出版社2001年版，第49—50页。
② 方苞：《方望溪全集》，中国书店1991年影印版，第46页。

之可贵。万历以来，排摈诋辱，出而杀君子者，多为浙人，盖由宋至今，沿之为俗。"①可见，忠义、名节乃是当时士大夫所缺少的。其实，在明清鼎革之际，东南士大夫对清朝的反抗是最为激烈和持久的，这也是其时其地士大夫气节的一个重要表现，毕竟"时穷节乃现"。即使是颜元批评理学者"无事袖手谈心性，临危一死报君恩"也可见谈心性对伦理纲常之深入人心发挥了重要作用。明亡之后，殉国而死者更堪称历代之最，可见，虽然明末学术向以空疏见讥于世，但是士大夫的气节并没有因此而受损，甚至可以说当时士大夫之气节并不见让于前朝诸儒。只是在明清鼎革，一向被视为蛮夷的满族入主中原之时，气节忠义自然被看得更为重要。由于顺情遂欲的流行，个体意识的高扬，对情欲之追求大有掩盖天理之势，特别是经历了政治的动荡，这种意识更加难以控制。清初学者不入城、不结社、简朴生活、自省改过甚至像颜元式的苦修，都是针对明末风气的一种反动。明末情欲泛滥之风气自然对气节和忠义等传统伦理产生了一定的冲击，然而，明末王学并没有抛弃性善论，他们虽然有或空疏或放荡之弊，但是对自身良知之认可是被加强了，而不是减弱了。至于唐甄、黄宗羲所批评者，绝不可视为王学本身之必然。

易代之际，最难保守而又最为学者所看重者，乃气节也。然有明一代最为后世所称道者，其一便为国亡之际殉国者数量之多，以至于明遗民在论述殉国之人之事时，竟以人数太多而认为大可不必，甚至对传统之节义观提出不同意见，可见明末节义观念之深入人心。节义观念的盛行，我们无法说完全是王学之作用。崇祯帝之自缢，无疑对明人之殉国起到了榜样的作用，所谓"主辱臣死"，更何况"主"已死？但是，如果我们对明遗民之著作，特别是清初之话语作出考察的话，便不难发现，时人竟然说"宋"成癖，他们论述当代人当代事都好以宋为

① 分见唐甄：《潜书·无助》，中华书局 1962 年版，第 38 页；刘宗周：《刘宗周全集》，浙江古籍出版社 2007 年版，第 260 页。

例或以宋为喻,这又是为什么呢?首先自然是因为宋与明相似,都是为异族所灭,因此,自夷夏大防方面清人有更多的借鉴意义;其次,宋遗民数量之多也是历来少有,而且其立身行事也足为后人效法,因此,明遗民多倾向于将自身情事与宋遗民相比较。然而正如上文所分析的那样,明清易代之际,所经历的不仅仅是政权的更迭,更是在影响世道人心的学术上的更迭。学术之关系世道人心,早已为学者所注意,这里不仅是指宋明理学之终结,也包括明末"三教合一"思想对儒学之影响。王学之所以能风行天下,其中一个重要原因就是因为它具有更大的普适性,而朱学辨析精义,格物穷理,普通百姓忙于生计,也无学术素养,因此对朱学往往不甚了解。而王学简易直截,指点出内心也有之善,使人人觉醒内心之良知。这是王学比朱学更为世俗化的一点。然而,佛道二教之世俗化乃是朱学和王学都有所不及的。因此,王学中人往往利用佛道以补儒教之不足。何良骏说:"盖人一恶念生,即见诸恶趣⋯⋯唯念观音之力,即生善念。善念生者,恶念即灭,恶念灭者,恶趣亦减。其言何等圆妙,虽吾宣尼老师而在,世欲轻议之者何耶?"[1]然而,佛家对愚夫愚妇最大之影响无非是生死轮回和因果报应,这些乃是心性之学即运用理性思维无法获得情况之下不得已的手段。赵轶峰指出:"在沈榜看来,愚夫愚妇不能用理性教化(心性之学),也不能靠法律约束,可以很容易就把这些人纳于控制之下的是那些因果报应、轮回转世的教训。"[2]由此可见,佛教对平民之作用方式也不是佛理而是因果轮回等功利性之规定。这两者之关系其实与儒家理和礼之关系相类似。其实,佛教与儒学在明中后期的遭遇颇有相似之处。王学末流玄虚而荡、情识而肆之弊病最严重之日,也是佛教"狂禅"最为兴盛之时。儒学内部以平实之学和以礼学改造理学的同时,佛教内部文字禅和戒律也紧锣密鼓地在恢复。在论述考据学兴起之时,余英

---

[1] 何良骏:《四友斋丛说》,中华书局1983年版,第191页。
[2] 赵轶峰:《明代的变迁》,三联书店2008年版,第211页。

时先生引用陈垣先生"儒教宗门一时具变"①一句来证实自己的观点，那么在心性之学向以礼代理的转变中，这句话也同样适用。其实，在深入佛理的情况之下，谨守戒律自然有助于修养，然而如果仅将戒律视为外在限制则戒律之作用不免大减。将佛教之神道设教的因果之说用于儒门之世道人心的控制，恐怕见效虽快而根本不深。赵轶峰说："心学以心求理，以心包容万有，对释道皆有包容倾向。释道皆有的普世倾向都超过精英化倾向。儒学与释道多一分通路，就多一分普世性。……心学当然不能'救世'，原因是心学是因应着世道变化而生的，世道变化的趋势就思想文化的意义上说，已是世俗化……理学和心学虽然过分偏重思辨和道德化，但在明代，却于士大夫有养志的意义，至于清代学术与行为更为分殊，礼教就更成为主张束缚愚昧的骗局。所以"汉学书斋里的严谨和知识分子在社会上的沉沦是并行的"。到晚清社会危机深重的时候，学者要参与救世，就还是要借用宋儒重义理的方法。"②这里所谓的礼教与我们所讨论的"以礼代理"的礼是有所区别的，礼教是指中世纪的伦理纲常，这是为宋明理学所重视的，也不在提倡日用常行之学和以礼代理的学者的反对之中，可以说是他们共同重视的部分；而以礼代理的"礼"主要是指礼制及其中所包含的礼之精义。纲常自然是礼的题中应有之义，只是纲常更偏于理的一面，更加深入人心，是社会全体所不言而喻的，无须证明与论说。而戴震、凌廷勘等所论述的礼，偏向于人情、偏向于礼的种种实施。所谓的"汉学书斋里的严谨和知识分子在社会上的沉沦是并行的"一句更值得我们深思。

知识分子在社会上的沉沦主要是指清代士大夫在立身行事上的缺陷，而这种缺陷的产生则与宋明理学的终结直接相关。在清初，士

---

① 余英时：《清代思想史的一个新解释》转引陈垣《明季滇黔佛教考》，上海人民出版社2003年版，第235页。
② 赵轶峰：《明代的变迁》，三联书店2008年版，第331页。

大夫特别是明遗民之气节是多为后人所称羡的。遗民对自身和同类的要求极高,他们多以苦节为常,以隐居求志为高尚。死者之节操故不必论,即如生者其生也是有为而为。全祖望言:"则西台之血,何必不与苌弘同碧;晞发白石之吟,何必不与采薇同哀!使比以一死一生遂歧其人而二之,是论世者之无见也。且士之报国原自各有分限,未尝概以一死期之。""倘谓非杀身不可以言忠,则是伯夷商容亦尚有惭德也。"[1]可见,在亡国之后尚苟存人间者,全祖望是采取宽容态度的,这其中主要原因就在于,这些活着的人自有其活着的意义。《碑传集补》卷三六《高士戴耘野先生祠堂记》言:"自古玄黄之际,忠臣义士不为捐躯湛族,则为远蹈高引,或韬影灭响留其身以行己之志,二者盖未易言轻重矣。"[2]当时遗民之主要工作即在于保存有明一代之史,他们甚至也认为,只要一身存则有明存于一身,一室存则有明存于一室。全祖望撰吴栾事状引吴氏语:"事去矣,是非其力所能及也,存吾志焉耳。志在恢复,环堵之中,不污异命,居一室是一室之恢复也。此身不死,此志不移,生一日是一日之恢复也。"[3]可见遗民之生,不是为了自身之生死,可以说他们是为了向世人和清王朝展示,明代政权虽亡而明人尚未尽亡,这其中的危险和执着,特别是举目山河变异而独存其身的伤感实难言表。在这里可以看出,生人之苦心孤诣绝不亚于殉国之人。王夫之更是以保存故国文献为遗民生存之大意义所在。他在议论中一再说及此义:"士生礼崩乐坏之世,而处僻远之乡,珍重遗文以须求旧之代,不于其身,必于其徒,非有爽也";而传统的道统与治统之观念,更在这时起到了精神支柱的作用:"儒者之统,与帝王之统并行天下,而互为兴替","帝王之统绝,儒者犹保其道以孤行而无所待,

---

① 全祖望:《鲒埼亭集》,商务印书馆 1937 年版,第 483 页。
② 钱仪吉等:《清碑传合集》,上海书店出版社 1988 年版,第 235 页。
③ 全祖望:《鲒埼亭集外编》,商务印书馆 1937 年版,第 360 页。

以人存道,而道可不亡"①。治统与道统自宋以来一直为儒者所重视,这也是有宋一代理学赖以对抗治统之理论根据。而王夫之在这里再取其义,在论述了遗民生存之意义的同时,宋明理学对士大夫强烈的精神支持随着时间的流逝而消磨殆尽,而宋明理学在清中期之前再也没有复兴。只可惜宋明理学在明清之际实在受到了太多的批评、发生了太多的变化,其精神支持作用也仅能维持一时而无法长久。且不论批判理学最为彻底的颜元以实行为第一位,"破一分程朱,使入一分孔孟"的观点对程朱理学的影响为如何,他这种做法必然为正统的理学家所不齿,因为程朱学者,特别是朱熹,就认为王安石变法之所以失败就是因为其道德修养不够而任意妄为,颜元虽有实行之功,但是与王安石相比是小巫见大巫了;即使如理学中人如孙奇逢、李颙等消除程朱陆王之对立,建立新说,这对于宋明理学来说也不见得就是好事。正如上文论述,程朱对可能破坏纲常之情欲等可谓严防死守,而王阳明却对情欲之解释留下空间,至王门后学这种空间已经得到发挥。而陈确等以人欲为首出的观念终于发展为"以礼代理",程朱的二元论本来就不与王学的"一元论倾向"相融合,对于两种学说自然可以取长补短,但是清初学者之取长补短往往囿于见道之方式,对于理欲之辨等形而上的核心问题却甚少关注。程朱对纲常之遵守毫不妥协,因此程朱理学家虽有琐碎之弊,但是在立身行事上却多有特出之人才。程朱理学的"不近人情"之处,恰恰是其在面对剧变时之根本。清初学者在论述明末死节之事时,多有对死节的批评,甚至归于"好名"之病,如全祖望说:"豪杰之士,不过存一穴胸断豆之念,以求不愧于君臣大义而已,不然远扬而高去,又何不可,而必以身殉之乎?"唐甄言:"异哉,人之好名也。忠之为名,大而显,史记之,国褒之。昔者明之初亡也,人皆自以为伯夷。乡学之士,负薪之贱夫,何与于禄食之贵厚,有杀身以

---

① 分见王夫之:《读通鉴论》,中华书局1975年版,第209页、第568页。

殉国者。"①明亡殉国者众多的原因众说纷纭,其中也许不乏好名之士有意为之。然而理学在明代之普遍推广,君父纲常和夷夏大防之深入人心必定是其中一个重要因素。由全祖望、唐甄等的议论我们可以看出,随着清初对理学的全面反动,这种深入人心的现象似乎在慢慢减退。特别是在夷夏大防之问题上,他们远不如宋儒。有宋一代夷狄问题与整个王朝的命运相始终。号称宋初三先生之一的孙复的代表作即为《春秋尊王发微》,从书名便可看出此书的基本思想;南渡之后,胡安国作《春秋传》,其中夷狄华夏之观念乃重要方面。根据《四库全书总目》记录,宋代春秋学之著作数量最多,甚至超过了周易类著作。自开国之初直至灭亡,夷夏大防乃是宋人始终忧虑的问题,这种忧虑在理学中也得到了体现。在二程、朱熹等人的文字中,关于夷夏大防的论述数量众多,特别是程伊川专门作有的《春秋传》。正是在这种学术的熏陶之下,宋遗民之气节为人钦佩,而清初人好说宋人如文天祥、谢枋得、谢翱、郑所南等乃是宋遗民中为其所钦佩,如郑所南的"铁函心史"恰在此时发现,这不能不说是一个极大的巧合,而同样是为异族占据江山的情形,更使得明遗民将宋遗民引为同类。虽然在明末人欲横流的情况之下,部分士大夫节操败坏,但是由于官方推行程朱理学而民间流行阳明心学都对士大夫甚至普通百姓产生重要影响,因此才会有大量不在其位而以身殉国的人士出现。论理说这种现象是不符合儒家之道的,毕竟子曰:"不在其位,不谋其政",对于伯夷叔齐不食周粟的态度,不同的学者也有不同的看法:论情,则浸淫在理学环境中的士大夫和平民似乎难以容忍山河变异的情形,更无法容忍夷狄入主华夏。所以,明末死节之多,乃是理学对人心优柔沃裕之结果,全祖望、唐甄等对明末死节之批评也不尽然。

清初遗民之气节是有可观之处的,这从清初"文字狱"之一的庄氏

---

① 全祖望:《鲒埼亭集》,第 204 页;唐甄:《潜书》,中华书局 1962 年增订版,第 75 页。

史案中士大夫的表现可见一斑。《庄氏史案本末》载："两县令一司理登门亲缉，一则方巾大袖以迎，一则儒巾槛衫以迎，辞气慷慨。凡子女妻妾一一呼出，尽以付之。两县令一司理谓君家少子，姑藏匿，何必为破卵！两生（潘、吴）曰：吾一门已等鬼箓，岂望覆巢完卵耶！悉就械……其慨然以妻子尽出者，岂真铁石心哉？一腔热血，有难言者存矣！"倒令人想知道，此种义气是如何在有清一代消磨殆尽的？[①]其实，这种义气并不仅仅是在遭遇到文字狱时才消磨殆尽，也不是仅仅在言论方面遭到了消磨，更重要的是学者在立身行事方面同时也遭到了消磨，亦即清代学者在为人方面确实无法与前代学者相比。

这种情况在清初时已有所展现，其中一个重要的表现就是在面对异族政权时所持的态度。黄宗羲在清初三先生中可谓名气极大，他在明朝初亡之后曾举起义旗反抗清军，在恢复无望之后，过了一段潜心学问的隐居日子。如果他一直隐居下去则其人可谓遗民之典范，可惜他却不甘沉沦，再次出山，正是由于此，他逐渐失去了遗民的一些基本立场。惩于明亡，清初遗民多对"名"之一字采取谨慎之态度，尽量韬光养晦。然而，黄宗羲却没有如此，他主持讲会等活动终于赢得大名，正是因为如此他被一直隐居求志的同门张履祥讥讽为："此名士，非儒者也"。也由于其名气太大，以至于为明史馆所笼络，虽然他没有参加明史馆，但是却派出得意弟子万斯同、其子黄百家，也许正是因为如此，章太炎才批评他"将俟虏之下问"，其实黄宗羲至死也保持其遗民的立场，只是由于他对清王朝的态度有些暧昧，才会招致批评。在黄宗羲的文字中我们也可以看到这一点。梨洲晚年文字中称当世为"兴王之世"，其他如"今天子""圣天子"等屡屡可见。这虽然是随着时间的推移复兴无望以及当道的羁縻等共同影响的结果，然而我们可以看到，受到清王朝褒扬的学者多是自身名气较大，他们往往在儒者的经

---

① 傅以礼：《庄氏史案本末》，上海古籍出版社 1981 年版。转引自赵园：《明清之际士大夫研究》，北京大学出版社 1999 年版，第 232 页。

世思想与遗民身份之间纠缠不清，因此虽然他们对新朝的态度是各种因素相互影响的结果，但是其自身之立场终究起了根本的作用。同时，尽管黄宗羲在当时享有大名，但在其交友圈中对他的评价似乎并不高。其中最重要的一个表现就是其与吕留良和其胞弟黄宗炎的交恶。据《吕留良年谱长编》记载，黄宗羲与吕留良之交恶始于澹生堂之藏书："是年，留良与黄宗羲赡澹生堂祁氏藏书。留良得三千余册。……全祖望《小山堂祁氏遗书记》：'……南雷大怒，绝其同门之籍。用晦（留良）亦遂反而操戈，而妄自托于建安之徒，力攻新建矣。'"①然而，全祖望之言并不符合事实。据年谱所载，前一年黄宗炎就已经说留良"深究紫阳言"②，可见，其研习程朱理学是在购买澹生堂藏书之前，并不是为了攻击黄宗羲才如此。同时，吕留良对黄宗羲的不满主要还表现在黄宗羲所作之《高旦中墓志铭》。留良之子记留良《行略》言："高氏弟子砮石将刻墓志。先君（留良）视其文微词丑诋，乃叹曰：'铭之义，称美不称恶。'遂不复刻。"留良《与魏方公书》言："惠示《南雷文案》，雨中无事，卒读之。其议论乖角，心术碬薄，触目皆是。不止如尊意所指摘仅旦中一首也。……若旦中之医，则故太冲兄弟欲藉其资力以存活，故从臾旦中提囊而行。……世有姜陈王之余涎，掇杂技之枝语，簧鼓聋聩，建孔招颜，藉讲院为杆牍之阶，饰丹黄为翰林之径，一时为之哄然。……当道朱门，枉词贡谀；纨绔铜臭，极口推尊。余至么魔鬼琐，莫不为之减瘢刮垢，粉饰标题。独取此贫交死友，奋然伸其无稽之直笔。"③可见，对黄宗羲这一篇《高旦中墓志铭》不满者，还有魏方公。黄宗羲文集中墓志铭一类为数众多，吕留良所不齿者，不仅在于黄宗羲认为旦中之治病乃是"盖旦中既有授受，又工揣测人情于容动色理之间，巧发奇中，亦未必纯以其术也"，在于黄宗羲丝毫不

---

① 卞僧慧：《吕留良年谱长编》，中华书局 2003 年版，第 148 页、第 155 页。
② 同上书，第 164 页。
③ 分见卞僧慧：《吕留良年谱长编》，中华书局 2003 年版，第 184 页、第 285 页。

提旦中资力宗羲宗炎兄弟二人,而只是一句"家势中落,药囊所入,有余亦缘手散尽,故比死而悬磬也",①更在于吕留良认为,黄宗羲为高官显贵或巨商大贾做墓志铭则极尽褒扬之能事,而对援助过自己却无权无势的高旦中则隐美而显恶。其实,对黄宗羲之态度如此恶劣的并不只是吕留良一人而已,黄宗羲之弟黄宗炎一生困顿而黄宗羲从不伸以援手,而黄宗炎也绝不要黄宗羲的救助,这是对黄宗羲人品特别是他与新朝走得太近的蔑视。吕留良之夷夏大防观念尤其深重,自然对黄宗羲更为不满。吕留良自道"某平生无他识,自初读书即笃信朱子之说,至于今老而病,且将死矣,终不敢有毫发之疑",当明清之际,朱子之夷夏之观念自然是他关注的要点,黄宗羲受到他的批评自然是情理之中,而黄宗羲求名之态度及对亲友的做法,更是为笃信程朱的吕留良难以容忍。这不是揭人隐私,而是程朱理学对人品要求的规范。

在道德伦理观念上,清人本来是极为重视的,由于晚明士风的沦落,顾炎武虽然对心性之学没什么兴趣,但是却大声疾呼:"礼义,治人之大法;廉耻,立人之大节……故夫子之论世曰:'行己有耻。'孟子曰:'人不可以无耻,无耻之耻,无耻矣。'又曰:'耻之于人大矣,为机变之巧者无所用耻焉。'所以然者,人之不廉而至于悖礼犯义,其原皆生于无耻也。故士大夫之无耻,是谓国耻。"②亭林先生提出的"博学于文,行己有耻"正是针对着明末学术空疏和人心陷溺而来的。只可惜时移世易,明亡之后的学者似乎都认识到了明末学术与人心的弊端,只是由于他们面临的主要问题是如何在新朝中生活,如何保持自己的遗民身份,使得大节不亏,而对于学术人心的拯救却似乎不是他们所着急的。毕竟像顾炎武这样能够清楚地意识到亡国与亡天下之不同的学者不是很多。其实,即使是顾炎武也面临着改朝换代的尴尬。他在济

---

① 黄宗羲为商人及官宦之家所作之墓志铭确实采褒扬之态度。《黄宗羲全集》,浙江古籍出版社2005年版,第323页。
② 顾炎武:《日知录集释》,上海古籍出版社2006年版,第170页。

南落难之后,也是由他那已经做了清朝高官的外甥解救才免了牢狱之灾的。难怪朱维铮先生批评顾炎武说"他对三徐的批评仅限于入夜不可饮酒"。与三徐的交往恐怕应该是顾炎武高大形象的一个污点,因为在外人看来与三徐的交往不是甥舅之间的交往,而是遗民与新朝当道的交往。如何在变异之山河中生存,实在是摆在遗民面前的一个大问题。不仅顾、黄在时间的消磨中逐渐丧失了义气,当时的其他学者也都有这种情况。陆世仪言:"(娄县)自明末困征输,俗始凋敝。国朝(清朝)起而拯之,择良吏抚巡兹土,民蒸蒸有起色矣。"张尔岐言:"乙酉去今几何时,阅视田畴,孰与昔治? 畜牧孰与昔多? 屋垣孰与昔理?"①更有甚者,在对待节义的问题上,认为三代之下争以死节为名高。这是不正常的,陈确就认为:"死合于义为节,不然,则罔死耳,非节也。人不可罔生,以不可罔死。"②这诚然是对明末多可不死而死以求名者的批评,然而深一层的意义则正如赵园先生所指出的"来自对被宋儒'道学化'的经典的怀疑"。③ 赵园先生认为,陈确之节义观乃是对明代过高过奇现象的反动,也是对生命的珍惜,而且联系陈确自身的思想来看,他以人欲为首出,对个人生命的尊重也是其哲学思想的一脉相承。只是陈确的理欲观既以人欲为首出,可能导致人欲之泛滥,那么他的节义观也可能导致杀身成仁观念的松动,开一临难苟免之路径。比陈确稍后的唐甄也认为:"兴废用舍,非所以安危者不争;抗言争之,或以激怒。当是之时,君子不也。君死矣,国亡矣,非其股肱之佐,守疆之重臣,而委身殉之,则过矣。当是之时,君子不死也。"④其实,程朱理学并没有要求无官职之人皆以身殉国,只是他们推行的道学化思想中包含着的伦理纲常如此深入人心,以至于明亡之后的殉

① 分见陆世仪:《桴亭先生遗书》(续修四库全书本),第 290 页;张尔岐:《蒿庵集》,齐鲁书社 1991 年版,第 89—90 页。
② 《陈确集》,中华书局 1979 年版,第 154 页。
③ 赵园:《明清之际士大夫研究》,北京大学出版社 1999 年版,第 51 页。
④ 唐甄:《潜书》,中华书局 1962 年版,第 190 页。

国现象蔚为壮观。对这种现象只可加以引导，而不可据此反对程朱理学。清初学者对明节义观的批评，更多的是出于"仁""暴"对立之观点，认为大量的殉国不符合儒家之仁道。只是他们也许没有看到隐藏在殉国现象背后的民族大义和"国家"大义更是难能可贵。

当然上述学者都是清初人，他们的思想并没有受到清中期以礼代理思想的影响，甚至是考据学在当时也并没有形成铺天盖地的态势。他们的这些思想多是对明清易代及自身处境的思考。考据学真正兴起的契机应该说是四库馆的设立。正是在这次大规模的学者汇集中，特别是四库馆对考据的特殊要求，使得考据学的发展达到了顶峰。在四库馆臣中包括戴震、邵晋涵、郝懿行、钱大昕等众多著名的考据学者，在这种大汇集中他们之间的相互交流对学术的提高自然有极大的帮助，特别是四库馆的官方性质使得考据学取得了国家的承认。在康熙时期，康熙帝对当时的理学大臣们已经有诸多不满甚至以伪道学相称，而乾隆帝的性情又更与考据学相近，因此考据学的兴盛就成为顺理成章之事了。虽然"家家郑马"，但是考据学总是不能取得像宋明理学那样的正统地位。以理学正统自居的桐城派对考据学极尽诋毁之能事，但考据学者几乎对他们没有反击，甚至江藩的《汉学师承记》《宋学渊源记》这样的著作对理学攻击所作出的反应也是出乎意料的含蓄。朱维铮先生认为这是考据学者无言的轻蔑，但是似乎并不是如此简单。考据学天生不具有成为国家意识形态的缺陷。考据学的艰深晦涩使得它只能是少数学者相互沟通的手段，广大民众是不能理解的。同时，意识形态要更注重人的思想改造和提高，考据学自然不是无思想的学术，但是其思想性比较淡薄，特别是除了少数几个大师之外，很多考据学者并没有将思想性贯穿于考据学著作中，甚至是为考据而考据，以至于鸡零狗碎，让人难以卒读。这些都决定了考据学不能取代理学的地位，这也是在清后期面临亡国灭种的危急之时，理学又重回主流的原因。只要考据学不能成为国家的意识形态则考据学者就不能够对理学的攻击任意回击,虽然理学衰落,毕竟其对世道人心的作用还是不可忽视的。

每一种学问、学术发展到一定阶段,如果没有创新,总是会面临困境,理学也是如此。程朱理学发展到明代,腐化僵硬;王学发展到明末,毁弃名教。明末王学正是清代学者攻击的主要对象。然而在当时也不乏为理学辩解的声音,张履祥就认为:"道学之名,在古未有,以上之所教,下之所学,无非道也。……道学而假,犹愈于非道学而真也。"①所谓"犹愈于非道学而真也"是指假道学虽然不能真正做到由内而外的循道而行,但只要他按照理学的要求循序渐进,则习惯成自然,即使没有道学的修养,立身行事也可以做到不违背道学的要求。如果以明末的历史而言,虽然明末受到道学熏陶,士大夫们的气节依然彪炳千古;如果否定道学的教化作用,不按道学的要求而行,则立身行事的标准就会模糊;以清初而言就是对新朝的态度暧昧,与明末的士大夫相比自然是不如了。清初士大夫由于生存状态的影响,他们对宋明理学特别是其中的夷夏大防等论题颇为忌讳,吕留良之类的遭遇不能不给他们蒙上沉重的心理阴影,因此他们的选择更少。有了明太祖修改《孟子》的前例之后,我们很难相信中世纪的君王会对影响自己统治地位的学说采取宽容的态度,即使是康熙也很难做到这一点。随着清朝统治的稳固,宋明理学中很多思想似乎也不适应形势的需求而被修改,宋明两代都受到少数民族的威胁,因此理学不可避免地要反映这一现实。特别是宋代夷夏大防的问题始终是理学关心的问题之一。清朝作为少数民族政权,其对夷夏的问题特别敏感,甚至提出以文化而不是以地域为标准来断定是夷还是夏。随着清朝政权的稳固,这种问题已经没有争论的必要,理学的一个重要方面就这样消逝了。对经典的解释也是宋明理学的大宗,而随着考据学的兴起,对经典的解

---

① 张履祥:《杨园先生全集》,中华书局 2002 年版,第 484 页。

释更为字斟句酌，这也不是理学家的强项。因此理学家似乎只剩下了立身行事一途。而考据学与理学的分离使得考据学家无法深入领悟宋明理学的大义，甚至自创一说与理学家抗衡，这自然是以戴震为代表。

　　一般认为戴震的理学批评是从他三十五岁在扬州见到惠栋开始的，也是在这一年他写了著名的《与是仲明论学书》，据段玉裁认为写这封书信是为了"讽仲明之学非所学也"。① 戴震对理学批判的激烈程度是令人讶异的。这种批判是从学术方法开始到学术理论结束。在这封书信中，戴震明确提出他治学的方法是"由字以通其词，由词以通其道，必有渐"，这表明他本身并不否认道德存在，但是他追求圣贤之道的方式与理学不同。他的义理学的代表作《孟子字义疏证》在序中即言明他是继承孟子的遗志，剔除佛老、厘清儒学的："孟子辩杨墨；后人习闻杨墨老庄佛之言，且以其言汩乱孟子之言，是又后乎孟子者之不可已也。"②戴东原所谓的后人显然是指受到老佛影响而追求儒家心性之学的宋明理学。《孟子字义疏证》以对"理"的字义辨析开始，以对"无欲"的批评结束，一部《疏证》充满了顺情遂欲的思想，特别是对理学"以理杀人"的指控，可谓考据学对理学攻击的顶峰，此后的凌廷勘等人没能超出他的范围。这些指控自然有其可取之处，但是我们还是要首先区分戴震指出的这些"以理杀人"的情况到底是如何出现的？是理学原有的还是后来统治阶级强行加入的？ 其实如前文所述，理学所谓的无欲并不是要人断绝欲望，而是指士大夫应该断绝过分的欲望，不是不要穿衣吃饭而是不必锦衣玉食。后来理学要求越来越严苛的情况正是与专制集权的越来越严重相对应的。戴东原不会不了解这一点，只是他又不能直接批评政权，因此这可能是他通过对理学的批评而解放压在人民头上的沉重枷锁的一种方式吧。只是这种方式

---

① 《戴震集》，《附录》段玉裁《戴东原先生年谱》，上海古籍出版社1980年版，第462页。
② 同上书，第264页。

有负面作用,即对理学的批评一概而论,戴震没有加以区分而直接提倡"通天下之情,遂天下之欲"①,必须要分出理学观念哪些对世道人心有作用,哪些可以抛弃,这样无论是从方法上还是从理论上都与程朱理学渐行渐远。戴震本人意识到了这一点,而且他对此也毫不避讳,当程朱理学学者彭绍升来书为程朱理学辩护时,戴震回答:"孔子曰:'道不同不相为谋。'言徒辞费,不能夺其道之成矣,……虽《原善》所指,加以《孟子字义疏证》,反复辩论,咸与足下之道截然殊致,叩之则不敢不出。今赐书有引为同,有别为异;在仆乃谓尽异,无毫发之同。"②可见,戴震对于自己的新义理是极有信心的,他对于自己的学说与宋明理学相异甚为肯定而骄傲。戴震如此,同时代的其他考据学者比他更进一步,当时的大部分学者对义理的兴趣不大,甚至认为义理空疏无用。翁方纲说:"近日休宁戴震一生毕力于名物象数之学,博且勤矣,实亦考订之一端耳。乃其人不甘以考订为事,而欲谈性道以立异于程朱。"③这里翁方纲批评的不是戴震立异于程朱,而是批评他从事义理研究。"空说义理,可以无作"一类的批评正是当时学者对戴震义理学著作的普遍评价。这表明,在考据学的空气中,不但传统的宋明理学失去了立足之地,即使是以考据为方法,以通情遂欲为内容的新义理学也不受欢迎。其结果就是戴震批评的"二三好古之儒,知此学之不仅在故训,则以志乎闻道也,或庶几焉"。④

清代考据学者以空疏为由反对义理的探讨,其中最为关键的转变是"以礼代理",以礼代理的实质在于,在个人欲望与社会秩序之间寻找一个平衡。但是,礼是外在的,只有去遵守的时候才会起到作用,当人无视礼教,不能从内心认同礼教的时候,则礼只是具文而已,不能发

---

① 《戴震集》,《附录》段玉裁《戴东原先生年谱》,上海古籍出版社 1980 年版,第 323 页。
② 同上书,第 166 页。此时的彭绍升尚未皈依佛教。
③ 翁方纲:《复初斋文集》,《理说驳戴震作》(第一册),文海出版社影印本 1969 年版,第 321 页。
④ 《戴震集》,上海古籍出版社 2009 年版,第 146 页。

挥其实际作用。特别是以考据学为基础的礼的清代，时代久远程序复杂，已经无法适应当时的要求，因此，不论是一般人还是学者自身，也无法真正遵守了。朱维铮教授指出，从汉学的初始人物开始，不光彩的事情就始终不断。戴震的《水经注》官司及其与江永的关系、段玉裁做县令贪污、王昶借收徒敛财等，这些汉学重镇的高大形象都留下了污点。[①] 一般士子更是如此，清代中前期看似太平，然而，宋明理学的那种治国平天下的志向已经消磨殆尽，读书做学问只是做官的敲门砖。嘉庆以前，以考据学者而身居高位者绝少，这正说明士子为科举而研习考据，一旦居官则宋明理学又是其安身立命的所在，考据学不能专精，理学也是一知半解。因此，一旦遇到太平天国起义，帝国主义入侵等国家危亡的时刻，还是要再次提倡宋明理学，才能起到稳定人心，转危为安的作用。

第三节　"以礼代理"的困难

理学虽然不能对古代典籍做出精确的解释，然而它自然有其重要性，姜广辉先生指出："宋明理学……对安身立命问题作了理论与技术上的探讨，讨论这些看不见摸不着的东西，看来是很虚的、很空的，但对解决自我认识、解决自身存在方式来说，又是最根本、最实在的。"[②] 具体到理与礼的关系，刘宗周更是明确地说："吾心之化裁，其曲折处谓之礼，其妥帖处谓之义，原无痕迹。今以为理在事物，依仿成迹而为之，便是非礼之礼，非义之义。盖前言往行，皆圣贤心所融结，吾不得

---

① 关于这一点，方东树也有批评："夫汉学家，既深忌痛疾义理之学堕禅，申严厉禁。以其行事易之，是自为一大门户矣。而已考其人，居身制行，类皆未见德言之相顾也。是其视讲经与躬行判而为二，顾不必与其言相顾"。方东树：《汉学商兑》，三联书店1998年版，第301页。

② 姜广辉：《走出理学》，河北教育出版社1997年版，第89页。

其心,则皆糟粕也,曾是礼义而糟粕乎!"①戴震则以"分理""肌理""腠理""理也者,情之不爽失也"解释"理",发展至凌廷勘等人,则对古礼的研究更是日趋重要,大有以礼学代替理学之势:"夫《论语》,圣人之遗书也。说圣人之遗书,必欲舍其所恒言之理,而事事附会于其未言之理,是果圣人之意邪? 后儒之学,本出于释氏,故谓其言之弥近理而大乱真,不知圣学礼也不云礼。"②他不但否定理学甚至否定理字,并且在其晚年学术体系建立之后,不但攻击程朱陆王甚至攻击戴震,认为戴震《孟子字义疏证》开篇先辨理字也是不明学术真相的表现。凌廷勘的礼学完全以礼的实用性为准,并以此为理由批判理学的空疏虚无。他认为:"圣人之言,浅求之,其义显然,此所以无过不及为万世不易之经也。深求之,流入于幽深微渺,则为贤知之过,以争胜于异端而已矣。何也? 圣人之道,本乎礼而言者也,实有所见也;异端之道,外乎礼而言者也,空无所依也。"③可见,如果凌廷勘的礼学要想成立,其先决条件就在于要能够真正为人提供可以遵行的礼仪,否则他的学说也只是停留在表面上,无法真正实施。而中世纪时期的礼都是由国家颁布的,私人可以考礼而不可以制礼,即使圣如孔子,也无法制礼作乐。礼时为大,依据古礼要求后世之人更是不可行的。"廷勘否定理字理学,因此也撇开这'远寻夫天地之先,侈谈夫理气之辨'的本体问题,而主张回到节心节性的威仪法则之体,目的就是把德性落实到具体行事上"。④ 只是,凌廷勘诠释仁义礼智信五性多是从实际而言,他认为仁是实事之实,能事亲不失于礼就是仁,即仁是事亲之实,义是从兄之实,礼是二者之节文,智是知礼,信是以诚的态度行礼。亦即他的礼学,全是在践履和实践,对于道德本体问题,他是无意过问的。

---

① 《黄宗羲全集》,浙江古籍出版社 2005 年版,第 315 页。
② 凌廷勘:《校礼堂集》,中华书局 1998 年版,第 67 页。
③ 凌廷勘:《校礼堂集》卷四,《复礼》下,第 75 页。
④ 张寿安:《以礼代理——凌廷勘与清中叶儒学思想之转变》,河北教育出版社 2001年版,第 40 页。

礼学的第一个困难所在即由此产生：如果说礼是五性的践履，则是什么保证人要追求五性呢？也就是西方伦理学的困难论题："人为什么要道德？"程朱的回答是人性本善，阳明的回答是自身一点良知。正是由于以天理与良知为首出，人欲的节制才有根本的理论依据，礼的实行和遵守才有其基础。如果只是强调礼的实践性，则习礼只是成为习惯成自然的活动并不能成为应然的活动，特别是自戴震至凌廷堪所提倡的重视人欲的思想的盛行，礼的打破也只成为习惯的打破，不具有深层的破坏意义。方东树在批评戴震的"顺情遂欲"说时就提道："顾民之为道，生欲既遂，邪欲又生，苟不为之品节政刑，以义理教之，则私妄炽，而骄奢淫逸，犯上作乱，争夺之祸起焉。"[1]程朱陆王都认识到了这一点，因此才深究人性的本质，以驱使人追求更深层次的精神。如果说程朱以天理的"强制性"，王阳明以良知的"自觉性"保证礼的实施的话，那么凌廷堪的礼是没有内在约束的，除非像荀子那样由国家制度和法令的形式来保证。正是如此，凌廷堪的思想更与荀子相近，他作有《荀卿颂》赞扬荀子的礼学思想。

第二个困难在于：所谓经礼三百、曲礼三千，礼之规定繁复细密，如何去粗取精，顺应时代发展制定新的礼呢？考据学亦追究于古礼的细微之处，这样便与考据学的一般缺点相一致："盖百年以来，讲经学者训释甚精，考据甚博，而绝不发明义理以警觉世人，其所训释考据，又皆世人所不能解。故经学之书，汗牛充栋，而世人绝不闻经书义理。以世道所以衰也。"[2]凌廷堪《礼经释例》不失为研究礼经的巨著，只是既然以适用为目标，除了专门的考据学家之外，又有多少人能够读、能够读懂，在当时社会中有多大的影响。葛兆光先生的《中国思想史》认为这些艰深晦涩的考据是考据学者们之间相互认同，为区别于非考据学者的独特话语，那么，考据学就将自身与社会隔绝了起来，无法发挥

---

① 方东树：《汉学商兑》，三联书店 1998 年版，第 279 页、第 301 页。
② 陈澧：《陈兰甫先生澧遗稿》，《岭南学报》卷二(3)，1931 年，第 183 页。

经世致用的效果。这样的礼学研究恐怕不能产生什么实际的效果。夏炯认为汉学家"专好寻章摘句之学,著书多至百余卷,少亦数十卷,读其书味同嚼蜡,于身心性命,民生国计无一语提及",这虽然是对汉学流弊的批评,然而也可以看做是汉学家的通病。汉学家对礼的考证可谓用心良苦,只是他们自身对同一礼制的考订得到的结论并不相同,则对礼的遵守就显得无所适从。反而不如理学家如朱子斟酌古礼和现实而制定的《家礼》容易推行。清朝尊崇提倡礼学的,主要有三个时期:第一个是清初颜李学派,第二就是乾嘉时期凌廷勘,第三是嘉庆之后的曾国藩。颜李学派之时,考据学尚未全面兴起,颜元激烈反对宋明学术,以实用为最高目的,这本来不错,但是颜元食古不化,得不到当权者的支持,同时又妄图恢复古礼的一切,最终湮没无闻。曾国藩虽然是提倡礼学,但是从他的学术背景和日常行为来看,他更多的是以宋学的功底和修养功夫来实行他的礼学①。居官之后,曾国藩更多的是将礼学作为经世之学来实践,而他的经世之学包括义理之学、词章之学、经济之学、考据之学,礼学是这四者的总汇。曾国藩之所以能提出这种观点主要是因为嘉庆之后,汉学与宋学出现融合的趋势,他还认为考据与义理都是圣学不可分割的组成部分。只有将义理、考据、词章、经济融合在一起才能真正做到经世致用。凌廷勘虽然提倡礼学,但是他未脱考据学的窠臼,纠缠于礼学的研究,所谓"今纷纭于不可究诘之名物制度,则其为空也,与言心言性者相去几何?"②同时他的顺情遂欲说更贴近荀子,需要统治者的支持才能实行,因此不免无法付诸现实,难以产生现实的影响。

第三个困难,汉学家的立身行事并不能作为社会的表率。刘蓉

---

① 对曾国藩影响最大的学者是理学家唐鉴和倭仁。他的日课包括:"敬""静坐""早起""读书不二""读史""谨言""养气""保身""日知所亡""月无忘其所能""作字""夜不出门"。这些都很明显带有理学的特点。参见萧一山:《曾国藩传》,东方出版社 2009年版,第 20 页。

② 梁启超:《清代学术概论》,上海古籍出版社 1998 年版,第 70 页。

言：一些汉学家将行己立身与治学"歧而二之，阿世谐俗，漠然不知志节名义之可贵。学则吾学也，行则吾不知也"。① 这种说法虽然不免夸张之嫌，但并不是只有刘蓉一人作如此感言。梁启超也曾经批评清学者只做到了顾炎武所说的"博文"而抛弃了"有耻"。同时，考据学对世道人心的维持发挥的作用也不多。张惠言指出："数十年来，天下争为汉学，而异说往往而倡。学者以小辨相高，不务守大义。或求之章句文字之末，人人自以为许、郑，不可胜数也。"② 陈澧更是明确地指出："百余年来说经者极盛，然多解文字而已。其言曰：'不解文字，何由得其义理？'然则解文字者，欲人得其义理也。若不思义理，则又何必纷纷然解其文字哉？"③ 考据学家自身以学术为争名逐利的手段，同时对于世道人心漠不关心，这样考据学的价值日渐降低。作为考据学大宗的礼学也难免这种情况，最终为后来的汉宋调和、今文经学所代替。

"礼法"向来并称，提倡礼学的荀子学派，最终是走向了法家。如果没有法律制度的保障，仅凭个人努力，家规乡约等是不足以实现儒家传统的齐治平的目标。清朝中前期的礼学研究始终只是在学术的层面之内，无法学以致用。随着嘉庆之后，社会危机的逐步加深，对考据学空疏无用的批评日益加剧，学者开始反思学术的发展方向，提倡经世致用之学。汉宋调和，今文经学，诸子学等相继兴起和繁荣，并成为主流。礼学的研究和提倡者虽不乏其人，但是已经日渐式微了。

---

① 刘蓉：《养晦堂文集》，《近代中国史料丛刊第三十九辑》，文海出版社影印本 1966 年版，第 6 页。
② 张惠言：《茗柯文编》三编（四部丛刊本），第 22 页。
③ 陈澧：《东塾集》，文海出版社影印本 1970 年版，第 29 页。

第四章　儒学由内到外的转变及其影响　**175**

主要参考文献

专著：

《近代中国史料丛刊第三十九辑(382)》,文海出版社影印本 1966 年版。

《康熙起居注》,中华书局 1984 年版。

《明实录》,北京书店 1983 年版。

毕诚：《儒学的转折 阳明学派教育思想研究》,教育科学出版社 1992 年版。

卞僧慧：《吕留良年谱长编》,中华书局 2003 年版。

蔡仁厚：《王学流衍》,人民出版社 2006 年版。

蔡仁厚：《王阳明哲学》,台北三民书局股份有限公司 2007 年版。

陈宝良：《明代儒学生员与地方社会》,中国社会出版社 2005 年版。

陈来：《诠释与重建》,北京大学出版社 2004 年版。

陈来：《宋明理学》,华东师范大学出版社 2004 年版。

陈来：《有无之境》,北京大学出版社 2006 年版。

陈来：《朱子哲学研究》,华东师范大学出版社 2000 年版。

陈澧：《东塾集》,文海出版社影印本 1970 年版。

陈明水：《明水陈先生文集》,四库全书存目丛书,齐鲁书社 1991 年版。

陈确：《陈确集》,中华书局 1979 年版。

陈荣捷：《王阳明传习录详注集评》,学生书局 1983 年版。

陈子龙：《安雅堂稿》,伟文出版社有限公司 1977 年版。

程敏政：《皇墩集》,四库全书本。

程颐、程颢：《二程集》,中华书局 2004 年版。

戴名世：《戴明世集》,中华书局 2002 年版。

戴震：《戴震集》,中华书局 1980 年版。

戴震：《孟子字义疏证》，中华书局 1982 年版。

岛田虔次：《中国近代思维的挫折》，江苏人民出版社 2005 年版。

方苞：《方望溪全集》，中国书店 1991 年影印版。

方尔加：《明代王阳明心学研究》，中国人民大学出版社 1987 年版。

冯从吾：《冯少墟集》，康熙四十年重刻本。

傅山：《霜红龛集》，山西人民出版社 1985 年版。

傅衣凌：《明清农村社会经济 明清社会经济变迁论》，中华书局 2007 年版。

傅衣凌：《明清社会经济史论文集》，人民出版社 1982 年版。

冈田武彦：《王阳明与明末儒学》，上海古籍出版社 2000 年版。

高攀龙：《高子遗书》，清末重刻本。

葛兆光：《古代中国的历史、思想与宗教》，北京师范大学出版社 2006 年版。

葛兆光：《中国思想史》，复旦大学出版社 1998 年版。

龚自珍：《龚自珍全集》，上海人民出版社 1975 年版。

沟口雄三著，索介然译：《中国前近代思想的演变》，中华书局 2005 年版。

顾宪成：《顾文端公遗书》，光绪三年泾里宗祠刻本。

顾炎武：《顾亭林诗文集》，中华书局 1983 年版。

顾炎武：《日知录集释》，上海古籍出版社 1985 年版。

管道中：《二程研究》，中华书局 1937 年版。

韩邦奇：《苑洛集》，四库全书本。

何良俊：《四友斋丛说》，中华书局 1983 年版。

何心隐：《何心隐集》，中华书局 1981 年版。

贺长龄：《清经世文编》，中华书局 1992 年版。

侯外庐：《近代中国思想学说史》，上海生活出版社 1947 年版。

侯外庐：《宋明理学史》，人民出版社 1984 年版。

侯外庐：《中国近代哲学史》，人民出版社 1978 年版。

侯外庐：《中国思想通史》，人民出版社 1958 年版。

胡适：《戴东原的哲学》，上海商务印书馆 1932 年版。

黄宗羲：《黄宗羲全集》，浙江古籍出版社 2005 年版。

黄宗羲：《明儒学案》，中华书局 1985 年版。

黄宗羲：《宋元学案》，中华书局 1985 年版。

姜广辉：《走出理学》，河北教育出版社 1997 年版。

焦竑：《国朝献征录》，上海书店影印本 1987 年版。

焦循：《雕菰集》，上海商务印书馆 1937 年版。

康有为：《康有为学术著作选》，中华书局 1988 年版。

劳思光：《新编中国哲学史》，广西师范大学出版社 2005 年版。

李绂：《穆堂初别稿》，道光辛卯奉国堂刻本。

李光地：《榕村语录 榕村续语录》，中华书局 1995 年版。

李颙：《二曲集》，中华书局 2004 年版。

李贽：《藏书 续藏书》，中华书局 1974 年版。

李贽：《焚书 续焚书》，中华书局 1975 年版。

梁启超：《中国近三百年学术史》，中国书店 1985 年版。

凌廷堪：《校礼堂文集》，中华书局 1998 年版。

刘荣贤：《王船山〈张子正蒙注〉研究，》，台湾花木兰出版社 2008 年版。

刘述先：《黄宗羲心学的定位》，浙江古籍出版社 2006 年版。

刘宗周：《刘宗周集》，浙江人民出版社 2007 年版。

卢文弨：《抱经堂文集》，中华书局 2006 年版。

陆宝千：《清代思想史》，台北广文书局 1978 年版。

陆九渊：《陆九渊集》，中华书局 1980 年版。

陆陇其：《三鱼堂文集》，同治七年刊本。

陆陇其：《松阳钞存》，同治三年钱塘丁氏重刻本。

陆世仪：《思辨录辑要》，四库全书本。

吕坤：《呻吟语》，上海古籍出版社 2000 年版。

吕留良：《吕晚村先生文集》，南阳讲习堂刻本。

吕留良：《四书讲义》，康熙刻本。

罗钦顺：《困知记》，中华书局 1985 年。

罗汝芳：《罗汝芳集》，凤凰出版社 2007 年版。

罗宗强：《明代后期士人心态研究》，南开大学出版社 2006 年版。

毛奇龄：《毛西河先生全集》，康熙刻本。

牟宗三:《从陆象山到刘蕺山》,上海古籍出版社 2001 年版。

牟宗三:《心体与性体》,上海古籍出版社 2001 年版。

彭国翔:《良知学的展开 王龙溪与中晚明的阳明学》,三联书店 2005 年版。

彭林主编:《清代经学与文化》,北京大学出版社 2005 年版。

钱大昕:《潜研堂文集》,上海古籍出版社 1986 年版。

钱明:《王阳明及其学派考论》,人民出版社 2009 年版。

钱穆:《中国近三百年学术史》,商务印书馆 2005 年版。

钱穆:《中国学术思想史论丛》,安徽教育出版社 2004 年版。

钱穆:《朱子新学案》,台北联经出版事业股份有限公司 1998 年版。

钱钟书,朱维铮:《中国近代学术名著·汉学师承记(外二种)》,三联书店出版
    社 1998 年版。

清高宗:《御制文集》,四库全书本。

全祖望:《鲒埼亭集》,四部丛刊本。

申时行等重修:《明会典》,中华书局 1989 年版。

沈善洪、王凤贤:《王阳明哲学研究》,浙江人民出版社 1981 年版。

史革新:《清代理学史》,广东教育出版社 2003 年版

孙奇逢:《夏峰先生文集》,中华书局 2003 年版。

谈迁:《国榷》,中华书局 1988 年版。

唐鉴:《清学案小识》,上海文瑞楼石印本。

唐甄:《潜书》,中华书局 1962 年版。

汪中:《新编汪中集》,广陵书社 2005 年版。

王汎森:《明末清初思想十论》,复旦大学出版社 2004 年版。

王夫之:《船山全集》,岳麓书社 1998 年版。

王畿:《王畿集》,凤凰出版社 2007 年版。

王茂:《戴震哲学思想研究》,安徽人民出版社 1980 年版。

王茂:《清代哲学》,安徽人民出版社 1980 年版。

王懋竑:《朱熹年谱》,中华书局 1998 年版。

王士禛:《池北偶谈》,中华书局 1990 年版。

王先谦:《荀子集解》,新编诸子集成本。

王阳明:《王阳明全集》,上海古籍出版社 1992 年版。

王在晋:《三朝辽事实录》,续修四库全书本。

王锺翰点校:《清史列传》,中华书局 1987 年版。

翁方纲:《复初斋文集》,文海出版社影印本 1969 年版。

吴长庚主编:《朱陆学术考辨五种 学蔀通辨》,江西高校出版社 2000 年版。

吴福通:《清代新义理观之研究》,江西人民出版社 2007 年版。

吴宽:《邻翁家藏集》,四部丛刊本。

谢国桢:《明末清初的学风》,上海书店出版社 2004 年版。

谢国桢:《明清之际党社运动考》,上海书店出版社 2004 年版。

徐爱、钱德洪、董云:《徐爱 钱德洪 董云集》,凤凰出版社 2007 年版。

徐梵澄:《陆王学述一系哲学精神》,上海远东出版社 1994 年版。

徐复观:《徐复观论经学史二种》,上海书店出版社 2002 年版。

徐复观:《中国思想史论集续篇》,上海书店出版社 2004 年版。

徐儒宗:《江右王学通论》,中国人民大学出版社 2009 年版。

薛应旂:《方山先生文录》,四库全书存目丛书,齐鲁书社 1997 年版。

颜元:《颜元集》,中华书局 1987 年版。

杨伯峻:《论语译注》,中华书局 2002 年版。

杨国荣:《王学通论》,三联书店 1990 年版。

叶梦得:《石林燕语》,中华书局 1984 年版。

余英时:《方以智晚节考》,三联书店 2004 年版。

余英时:《论戴震与章学诚》,三联书店 2000 年版。

余英时:《士与中国文化》,上海人民出版社 1987 年版。

余英时:《宋明理学与政治文化》,广西师范大学出版社 2006 年版。

余英时:《现代儒学的回顾与展望》,三联书店 2004 年版。

余英时:《中国思想传统的现代诠释》,江苏人民出版社 1989 年版。

余英时:《朱熹的历史世界》,三联书店 2004 年版。

余英时:《朱熹的历史世界》,三联书店 2004 年版。

曾国藩:《曾国藩集》,上海启智书局 1934 年版。

张尔岐:《蒿庵集,蒿庵闲话》,齐鲁书社 1991 年版。

张丽珠:《清代义理学转型》,台湾里仁书局 2006 年版。

张履祥:《杨园先生全集》,中华书局 2002 年版。

张寿安:《以礼代理—凌廷堪与清中叶儒学思想之转变》,河北教育出版社
　　2001 年版。

张舜徽:《清代扬州学记》,上海人民出版社 1962 年版。

张舜徽:《清人文集别录》,中华书局 1980 年版。

张廷玉等:《明史》,中华书局 1974 年版。

赵尔巽等:《清史稿》,中华书局 1977 年版。

赵轶峰:《明代的变迁》,三联书店 2008 年版。

赵翼:《陔余丛考》,河北人民出版社 2003 年版。

赵园:《明清之际士大夫研究》,北京大学出版社 1999 年版。

中国科学院图书馆选编:《稀见中国地方志汇刊》,中国书店 1992 年版。

朱维铮:《中国经学史十讲》,复旦大学出版社 2002 年版。

朱维铮:《走出中世纪》,上海人民出版社 1987 年版。

朱熹:《朱子全书》上海古籍出版社 2002 年版。

朱彝尊:《经义考》,中华书局 1998 年版。

邹守益:《邹守益集》,凤凰出版社 2007 年版。

左东岭:《王学与中晚明士人心态》,人民文学出版社 2000 年版。

论文:

蔡方鹿:"经学理学化的意义",《河北学刊》2009 年第 1 期。

陈立胜:"'视''见''知'——王阳明一体观中的体知观之分析",《孔子研究》
　　2006 年第 4 期。

程宝华:"张履祥研究综述",《社会科学评论》2004 年第 4 期。

程嫩生:"戴震对汉宋诗经学的解经取向",《江西社会科学》2006 年第 2 期。

丁为祥:"宋明理学对自然秩序与道德价值的思考",《文史哲》2009 年第 2 期。

高予远:"王阳明龙场三卦臆说",《哲学研究》2007 年第 4 期。

何静:"论王阳明致良知说融合和发展的特质",《浙江社会科学》2008 年第
　　12 期。

荒木龙太郎:"朱舜水与明末思想",《杭州师范大学学报》2009 年第 4 期。

黄爱平:"《汉学师承记》与《汉学商兑》兼论清代中叶的汉宋之争",《中国文化研究》1996 年第 4 期。

黄爱平、凌廷堪:《清史研究通讯》1990 年第 3 期。

黄文红:"乐之境——王阳明'乐'思想研究",《湖北大学学报》2006 年第 1 期。

江海:"王阳明晚年哲学的独立意义",《求索》2005 年第 11 期。

蒋国保:"儒学的民间化与世俗化",《南京大学学报》(哲学人文科学社会科学版)2007 年第六期。

金春峰:"宋明理学若干特性再认识",《陕西师范大学学报》2008 年第 6 期。

乐胜奎:"李光地对程朱理学的承袭与拓展",《湖北大学学报》2008 年第 6 期。

李帆:"论清代嘉道之际的汉宋之争与汉宋兼采",《求是学刊》2006 年第 5 期。

李明友:"敦本尚实,返朴还淳——王阳明的经学观",《中国哲学史》2005 年第 2 期。

李为香:"明末清初善书风行现象解析",《东北师大学报》2008 年第 2 期。

李兴:"王阳明及其哲学思想评议",《求索》2007 年第 10 期。

李治安:"宋明理学家对乡里新秩序的构思与探索",《天津社会科学》2008 年第 6 期。

林国标:"清初理学的世俗化倾向",《中南大学学报》2005 年第 3 期。

林乐昌:"论王阳明讲学生涯与社会教化使命",《哲学研究》2006 年第 11 期。

刘述先:"有关理学的几个重要问题的再反思",《国际朱子学会议论文集》,台北文哲研究所 1993 年。

罗检秋:"汉宋之间—宝应刘氏的学术传衍及其意蕴",《清史研究》2006 年第 3 期。

聂红敏:"从朱陆之争看清代 前期理学的走向",《湖南文理学院学报》2006 年第 2 期。

牛建强:"明代中后期讲学活动的扩张及其变异",《史学集刊》1993 年第 4 期。

钱明:"王阳明迁居山阴辩考——兼论阳明学之发端",《浙江学刊》2005 年第 1 期。

腾绍箴:"试论明与后金战争的原因及其性质",《民族研究》1980 年第 5 期。

王记录:"康熙时期官方的修史活动与汉宋之学",《河南大学学报》2007 年第
　　4 期。

王棋:"反理学视野下颜元的道艺思想",《西南大学学报》2008 年第 2 期。

王雪:"从庄氏《明史》案看明末清初士人心态与官场世风",《牡丹江师范学院
　　学报》2009 年第 5 期。

魏长宝:"顾炎武与乾嘉学派",《孔子研究》2000 年第 4 期。

吴长庚:"试论顾炎武的'经学即理学'思想",《江西社会科学》2007 年第
　　10 期。

吴光:"从王阳明心学到'力行'实学—论黄宗羲对王阳明刘总周哲学思想的批
　　判继承与理论创新",《中国哲学史》2007 年第 3 期。

吴海兰:"重礼与顾炎武的历史治乱思想",《史学史研究》2005 年第 4 期。

徐耀威:"清代大学研究的新趋向",《湖北大学学报》2009 年第 3 期。

许苏民:"明清之际政治哲学的突破",《江汉论坛》2005 年第 10 期。

杨绪敏:"论明末清初私家修史的成就与特点",《江海学刊》2008 年第 3 期。

张淑红:"《汉学商兑》与清中叶的汉宋之争",《南开学报》2004 年第 1 期。

张循:"清代汉宋学关系研究中若干问题的反思",《四川大学学报》2007 年第
　　4 期。

赵晶:"论王阳明的理欲之辨及其价值定位",《理论月刊》2007 年第 11 期。

周文玖:"黄宗羲顾炎武之比较",《孔子研究》2003 年第 3 期。

朱昌荣:"20 世纪中国大陆清初程朱理学研究回顾",《中国史动态研究》2006
　　年第 3 期。

朱昌荣:"试论雍正、乾隆二帝的理学思想",《清史论丛》2009 年号。

朱晓鹏:"王阳明龙场《易》论的思想主旨",《哲学研究》2008 年第 2 期。

朱雪芳:"比较朱子与王阳明的格物义",《湖南大学学报》2005 年第 4 期。

图书在版编目(CIP)数据

突破与变异——16－17世纪儒学思想变迁探微/曲辉著.—北京:中国传媒大学
出版社,2017.3
（文思丛书）

ISBN 978-7-5657-1601-0

Ⅰ.①突…　Ⅱ.①曲…　Ⅲ.①儒学—思想史—研究—中国—16世纪~17世纪
Ⅳ.①B222.05

中国版本图书馆CIP数据核字（2016）第017702号

突破与变异——16－17世纪儒学思想变迁探微
TUPO YU BIANYI:16－17 SHIJI RUXUE SIXIANG BIANQIAN TANWEI

著　者	曲　辉
责任编辑	唐　颖　赵丽华
特约编辑	刘广东
责任印制	阳金洲
封面设计	飞　翔

出版发行 中国传媒大学出版社

社　址	北京市朝阳区定福庄东街1号　邮编:100024
电　话	86－10－65450528　65450532　传真:65779405
网　址	http://www.cucp.com.cn
经　销	全国新华书店

印　刷	北京玺诚印务有限公司
开　本	710mm×1000mm　1/16
印　张	12
字　数	138千字
版　次	2017年3月第1版　　2017年3月第1次印刷
书　号	ISBN 978-7-5657-1601-0/B·1601　　定　价　48.00元